アガペーの言葉

山崎英穂

日本キリスト教団出版局

本書に記された聖書箇所は、『聖書 新共同訳』（日本聖書協会）によります。ただし引用は、必要に応じて、他の日本語訳や私訳も用いました。

まえがき

本書『アガペーの言葉』の著者である山崎英穂牧師が長年ご在任くださった塚口教会は、今年創立六十七周年を迎えました。最初に桑田繁太郎牧師が塚口の地で伝道を開始されてから七十周年の年でもあります。桑田繁太郎牧師は一九四六年三月に、戦前から約四十年にわたる大阪北教会の牧師を辞任して、塚口の地に居住されていましたが、敗戦後の無気力、無軌道な青少年に生きる希望と勇気を与えるためには、イエス・キリストの福音宣教が不可欠だとの思いが古希を過ぎた老先生の伝道者としての使命感を駆り立てたのでした。

一九五三年四月から松木治三郎先生（当時、関西学院大学神学部教授）を主任担任教師代務者にお迎えし、そのご指導のもとに教会形成が行われて来ました。

一九七二年四月に、山崎先生を伝道師にお迎えしました。松木先生は山崎先生を深く信頼され、山崎先生は一九八〇年まで八年間にわたって伝道師・副牧師としてお務めいただきました。一九九一年四月には松木先生の後任として主任担任教師にお迎えしました。その後、塚口教会独自の伝道文書を作ろうという話が持ち上がり、一九九二年四月からA４用紙の表に山崎先生の説教、裏に教会員の証しを載せ「エルピス（希望）」と命名していただいて毎月一回発行してきました。「エルピス（希望）」が二〇〇号を迎える二〇〇八年十一月を目途に、そこに書かれた説教をまとめて書物として出版することが長老会で決議されました。翌二〇〇九年は教会創立六十周年でもありましたので、その記念事業の一環として、まず一号から一〇〇号に書かれたメッセージの中から八十編を選んで『エルピスの言葉』として、二〇〇八年十一月に刊行し、一〇一号から二〇〇号に書かれたメッセージの中から八十編を選んで『ピスティスの言葉』として二〇〇九年七月に刊行しました。山崎先生は当初から三部作として完成させたいとの希望をもっておられましたが、そのためにはさらに七年余りの歳月を待つ必要がありました。

しかしながら、山崎先生は諸般の事情により二〇一三年三月、塚口教会を辞任され、「エルピス」は二五二号をもって休刊となってしまいました。それでも後任が決まるまで代務者に就任されました。その後九月に主恩教会の牧師に就任されましたが、代務者は引き続き務めてくださいました。

二〇一六年にはいり山崎先生から『アガペーの言葉』を出版したいとの連絡がありました。そして「まえがき」を書いてほしい、ということでした。私はひとしお感慨深くこのお申し出を聞いたのでした。

山崎牧師は二十二年間塚口教会を牧会されました。伝道師・副牧師としての八年間を加えると実に三十年に及びます。この期間は軽いものではありません。

この間に山崎先生は、日本有数の神学者、同時に説教者でいらした松木治三郎先生のお導きを受けられた牧師として、よき説教者に成長されたと思います。

我々はじかにその説教を聞くという光栄に与《あずか》りました。このことは塚口教会の形成（オイコドメーシス）にとって決して過小評価されてはならないことです。

『エルピスの言葉』、『ピスティスの言葉』を刊行してから日本の状況も、世界の状況も大きく変わりました。東日本大震災、福島原発事故を経験し、そこから十分回復していないうちに熊本地震に見舞われました。世界に目を向けるとISという集団が各地でテロ行為を繰り返し、世界中の人々の心を不安に陥れています。経済状況も大きく変わり、何よりも経済格差がますます拡大したことが社会を不安定にしていることは否定できないと思います。このような状況においてキリスト教は何か語るべき言葉を持っているのだろうかということがいつも問われています。

しかし我々はイエス・キリストの福音以外に救いはないことを知っています。また「宣教という愚かな手段」（コリントⅠ一・二一）にしか人類に救いをもたらす福音を伝える方法はないことを知っています。私たちは今一度この福音に立ち帰ることから新しく出発したいと思います。

この書物にはその愛の福音がつまっているのです。

二〇一六年五月

山崎牧師説教集刊行委員会　中野為夫

アガペーの言葉　＊　目次

Ⅱ　暗い小道を照らす灯　43

Ⅲ　大いなる贈りもの　71

装画・高田美穂子
装丁・堀木　一男

I　あなたがいなければ

人生が輝き始める時

人生で出会うさまざまな問題を、私たちは一生懸命に努力することによって乗り越えていかねばなりません。そこに人間としての責任があります。しかしどんなに努力しても、どうにもならない問題もあります。

使徒言行録一四章八―一〇節に、足の不自由な人が出てきます。彼は「生まれつき」足が不自由で、「まだ一度も歩いたことがなかった」のです。「生まれつき」というのは「母の胎内にいる時から」という言葉で、暗く絶望的な運命、むしろ宿命であることが暗示されています。彼の運命は生まれる前から定まっていて、自分の意志や努力ではどうにもならないというのです。

ところが彼はパウロが語る言葉に耳と心を傾けて聞いていたのです。そのメッセージはイエス・キリストの救いについてでした。パウロは人々に向かって語っていましたが、

彼を見つめ、……「自分の足でまっすぐに立ちなさい」と大声で言った。

のです。「彼を見つめ」は印象的です。パウロと足の不自由な人との間に生じたあたたかい内的な交流、人格と人格とのパーソナルな関係が示されています。彼はこれまで社会より冷酷な目で見られていたことでしょう。自分なんかいてもいなくてもよい、むしろ人々の足手まといになっていると、自分の不幸を嘆いていたことでしょう。しかし今や彼を見つめるあたたかいまなざし、さらにその背後に、彼の絶望的な運命を見つめ通すような永遠の愛の凝視、彼のためにこそ十字架にかかってくださったイエス・キリストの愛のひとみが注がれていたことに気づいたのです。

山本有三著『路傍の石』の主人公は愛川吾一という少年です。ある時、友達と張り合って、鉄橋に汽車がきた時まくら木にぶらさがることができると豪語し、実行するのです。蒸気機関車が近づいてきますが、機関手が気づいて急停車し、事なきを得るのです。担任の次野先生が彼に「吾一というのはね、われはひとりなり、われはこの世にひとりしかないという意味だ。世界に、なん億の人間がいるかもしれないが、おまえというものは世界中に、たったひとりしかいないんだ。……たったひとりしかない自分を、たった一度しかない一生を、ほんとうに生かさなかったら、人間、生まれてきたかいがないじゃないか」と言いました。たった一度の人生を輝かさなかったら、生まれてきた意味がないではないかというのです。

三浦綾子さんの「神は愛なり」という短い文章の中で、「人は愛なしに生きてはいけない。だが、あなたを生かす本当の愛とは？」と問いかけ、次のようなことが述べられています。読者からの手紙の中に「だれも私を愛してくれないのです」「私は私を愛してくれる人がほしいのです」など、うめきにも似た嘆きの思いがしばしば書かれている。私はサインに「神は愛なり」と書くごとに、ちょっと努力すれば、人間も愛を持つことができるのだと思って生きてきた。しかし「神は愛なり」であっても、「人間は愛なり」とは決して言えないのである。

私たちは愛を渇望しています。「だれも私を愛してくれない。私を愛してくれる人がほしい」とは私たちすべての人間の切なるうめき、根源的な叫びではないでしょうか。しかし神は十字架のイエスにおいて、私たちを愛してくださったのです。この神の激しい愛の中で、運命から自由にされて、自分の足で立ち上がり、世界にたったひとりしかいない人間として、たった一度の人生を輝かせて生きることができるのです。神が私たちの存在と人生を輝かせてくださるのです。光の中を歩みたいものです。

愛は不滅である

一口に愛と言っても、さまざまな愛があります。親子の愛、兄弟愛、友愛、恋愛、師弟愛、博愛など、さまざまな愛の形があります。どのような愛も尊いものですが、私たちの愛には終わりがあるのです。

石川達三著『愛の終りの時』という小説では、長く大蔵省に勤めてきた役人で、定年退職後は私立学校の経理をしている六十三歳の夫と、十歳年下の専業主婦である妻の家庭が描かれています。二人は結婚し、愛し合って家庭を築き、すでに三十数年たち二男一女がいる。しかし長男はすでに結婚し、娘は結婚式を挙げたばかりである。次男は未婚であるが家を出て下宿生活を始める。親を必要としていた子どもたちがみな離れていき、妻は「私の産んだ子が、みんな行ってしまった。そんな不都合なことが有っていいものだろうか」と嘆きます。しかも夫はこれまで妻への裏切りを重ねて、結婚した娘も夫との愛が破綻し、半年後に自殺してしまうのです。このように老いを切実に感じ始めながら、夫婦や親子の愛がむなしく終わっていく寂しさ、破れといったものが鋭く描かれています。

ところがコリントの信徒への手紙Ｉ一三章八節に、

愛は決して滅びない。

とあります。「滅びる」という言葉には、落ちる、倒れる、朽ち果てるなどの意味もあります。口語訳では「愛はいつまでも絶えることがない」でしたが、柳生直行訳の「愛には終りがない」もシンプルなよい訳だと思います。いずれにせよ愛の永遠性、不滅性、絶対性が強調されています。男女の愛、夫婦の愛、親子の愛、兄弟の愛、友の愛など、熱愛であっても、すべての愛はいつか終わりを迎えます。ところが意外にも、「愛は決して滅びない」と、愛は永遠、不滅、エンドレスであると言われているのです。

実はこの「愛」と訳されている言葉は、ギリシア語では「アガペー」です。「エロース」が美しいものや価値あるものに、自然に心が引かれていく衝動的な愛であるのに対して、「アガペー」は価値なき者や取るに足りない者を顧みる神の無条件の愛、永遠の聖なる愛なのです。主イエスの十字架と復活において示された神の愛は絶えることがないのです。人間のさまざまな破局や破滅に至る愛の姿に対して、神の愛は天から垂直に切り込んできて、自己を与えつくす愛として、終わることのない真実な愛なのです。

渡辺和子著『人間としてどう生きるか』の中で、「人は死ねば焼き場に連れていかれて、焼かれて灰と骨になります。私もそうなります。いつか必ずなります。その時に、焼き場の一、二〇〇度の高温でも、愛は焼けないんです。これは信じてください。手術をして開いて見えたものは、全部焼けます。心臓も、腎臓も、肝臓も、肺臓も、ひ臓も、全部焼けます。しかしながら、手術をして開いていただいても目に見えなかったもの、しかしながら今日私を生かしているもの、それは焼けないんです。だから、愛は死よりも強いのです。愛は死に負けないで不滅なのです」と述べられています。

愛するということは中途半端なものではありません。これだけ愛したからこれでいいというものではないのです。これだけ愛したからもっと愛するというのが、真実の愛なのです。人間の愛は限りがあり、あいまいであり、いい加減なこともあります。しかし永遠の愛の世界があるのです。イエスは「世にいる弟子たちを愛して、この上なく愛し抜かれた」（ヨハネ一三・一）のです。「この上なく」、限りなく愛されたのです。真の愛は徹底的なのです。ここに神の永遠の愛が示されました。神の愛は終わることがないのです。

神はいつも変わることなく

原点という言葉があります。初心ということにもつながる言葉です。私たちはこの世に生きて、環境や状況や立場が変化するとともに、いつの間にか自分の心も大きく変化するものです。慣れてくると緊張感を失い、マンネリ化し、怠慢や高慢にもなるのです。

神の民イスラエルの人々も同じような経験をしました。イスラエルの民は歴史的に諸外国の支配に苦しめられてきました。すると神はイスラエルの民のことを忘れてしまわれたのではないか、神は心変わりされたのではないかという疑いが起こってきたのです。そのような時、預言者マラキは、三章六―七節で、

まことに、主であるわたしは変わることがない。あなたたちヤコブの子らにも終わりはない。あなたたちは先祖の時代から　わたしの掟を離れ、それを守らなかった。立ち帰れ、わたしに。そうすれば、わたしもあなたたちに立ち帰ると　万軍の主は言われる。

と語りました。どのように困難や苦難があり、不幸や災いがあっても、それは神が心を変えられたことによるのではないのです。むしろ人間のほうがいつの間にか恵み深い神から離れ、原点から遠ざかり、初心を忘れたからだと断言されるのです。「ヤコブの子ら」とは歴史的には神の民イスラエルのことですが、今や時間と空間を越えて、神の愛を信じて生きるすべての人のことです。まさに神の約束に生きる者に対して、主なる神は「まことに、わたしは変わることがない」と断言し、「立ち帰れ、わたしに」と命じられるのです。

私の両親は一九三九（昭和一四）年一月に結婚しました。父は滋賀県の米原で生まれましたが、幼い頃に

両親を失ったため弟や妹とも別れ、彦根の叔母に育てられました。そして叔母の導きで日曜学校に行くようになったのです。やがて成長して四国の宇和島にある近江帆布という紡績工場に勤めていましたが、いつの間にか教会から離れてしまっていました。家族に恵まれなかった父にとって、結婚は大きな喜びであったと思われますが、それも束の間で、二か月後に父は工場で右腕を失うという大怪我をしてしまったのです。ちょうど戦争に突入していく暗い時代と重なり、仕事を失い、妻をかかえて途方に暮れていました。そんな時、教会の集会案内に目がとまり、一緒に出席したのです。七月のことでした。話ができすぎているように思われますが、ちょうどルカによる福音書一五章の「放蕩《ほうとう》息子のたとえ」だったのです。二人息子の弟のほうが父親に財産の分け前をくださいと言って受け取り、遠い国に旅立ったのです。そこで放蕩の限りを尽くして財産を失い、おまけに飢饉が起こって食べるにも困り始めたのです。そこで彼は「我に返った」のです。そして父親のところに帰りました。すると父親は遠くから息子を見て、両手を広げて迎え入れたのです。まさに父親の心は以前と少しも変わることがなかったのです。

私の父はこの話を聞いて、この放蕩息子とは自分のことだと思ったというのです。幼い頃に教会に行って神の愛を知っていたのに、いつの間にか教会を離れていたのです。そして今この人生のどん底を経験した時にも、神は少しも変わることなく、両手を広げて受け入れてくださることを知ったのです。まさにキリストの十字架の愛をもって迎え入れてくださっていたことに気づいたのです。まことに主は変わることはないのです。人間のほうが心変わりし、原点を離れ初心を忘れているのです。だから主は「立ち帰れ、わたしに」と語り、呼び続けておられるのです。両親はその年のクリスマスに洗礼を受けました。それから約七年後に、生を受けた私も信仰を受け継ぐことができたのです。主に立ち返ることから新しい歩みが始まるのです。

あなたがいなければ

この世には多数決の原理があります。四十九を捨てて、五十一をとるということになりますが、これは民主的な方法でもあります。

ところがルカによる福音書一五章一―七節で、イエスはこんなたとえ話を語られました。

あなたがたの中に、百匹の羊を持っている人がいて、その一匹を見失ったとすれば、九十九匹を野原に残して、見失った一匹を見つけ出すまで捜し回らないだろうか。そして、見つけたら、喜んでその羊を担いで、家に帰り、……

これは九十九匹がどうでもいいというのではなく、一匹の羊の尊さ、かけがえのなさが意味されているのです。聖書において羊飼いと羊は神と人間の関係を示しています。羊飼いが一匹の羊を捜し回るように、神は私たち一人ひとりに「あなたがいなければ」と言って、一人ひとりの存在の重さを宣言してくださっているのです。

アメリカ映画の「素晴らしき哉、人生！」は、天で神が天使に語るところから始まります。地上で人生に行き詰まっている男がいるから助けに行ってこいというのです。その男とは主人公のジョージで、父親の急死で家業の住宅ローン貸付会社を継ぐことになりました。彼のお陰で貧しい人たちはローンでマイホームを建てることができていました。また彼は結婚して子どもたちにも恵まれていました。しかし町一番の富豪の悪徳業者のために会社が倒産しそうになり、行き詰まって自殺を図ろうとします。そこに天使が現れます。

ジョージは天使に「生まれてこなければよかった。死んだほうが価値がある」と言いました。

これに対して天使は「もし君が生まれてこなかったら、世の中はどうなっていたか」と言って、彼がいない世の中を見せるのです。少年時代に溺れかけた弟を助けたことがあり、彼がいなかったら弟は死んでいたはずです。また薬局の店主が薬と毒を間違えて処方したことに気づき薬を届けなかったので、ひどく叱られたことがあります。しかし彼がいない世界では、店主は殺人罪によって服役していたのです。また彼がいない世界では、人々は自分の家をもつことができず、妻のメアリーは未だに独身で四人の子どももたちもいなかったのです。

このような光景を見せて天使は「一人の命は大勢の人生に影響しているんだ。一人いないだけで世界は一変する。君はすばらしい人生を送ってきた。その人生を捨てるなんて、馬鹿げてないか」と言いました。ジョージは自分の間違いに気付き、「どうか自分がいた世界に戻してくれ、また生きたいんだ」と言いました。その時、現実の世界に引き戻され、自分の家に帰ってみると、大勢の人が集まってそれぞれお金を出してくれ、会社は倒産を免れたのです。時はちょうどクリスマス・イブ、一同がキャロルを大合唱するという感動的な場面で終わります。

私たちも立派な行いはできなくても、自分が存在することでまわりの人の支えになっているのです。たといそうでなくても、主イエスにとって私たち一人ひとりは、かけがえのない尊い存在なのです。神はクリスマスにイエスを与えて「あなたがいなければ」と語り、イエスは十字架の上で「あなたがいなければ」と叫び、神は主イエスを復活させて「あなたがいなければ」と宣言し、聖霊は「あなたがいなければ」ということを思い出させてくださるのです。私たち一人ひとりに、神の愛のスポットライトがあてられているのです。

惜しみなき愛

私たちの人生には、重大な決断の時があります。右に進むか左に進むかによって、生きるか死ぬかという人生の分かれ道に立たされることがあります。

創世記二二章一―一八節には、信仰の父と呼ばれるアブラハムが、重大な決断の前に立たされるという有名な物語があります。彼は長い間、待ち続けた末に、約束の子としてイサクを与えられたのでした。ところが神はアブラハムに言われたのです。冷酷・残酷であり、矛盾・不条理とも言える神の命令を。

「あなたの息子、あなたの愛する独り子イサクを……焼き尽くす献げ物としてささげなさい。」

これに対してアブラハムは命じられるままに従いました。彼はイサクと一緒に歩いて行きましたが、その時イサクは「献げ物にする小羊はどこにいるのですか」と尋ねました。そこでアブラハムは、

神が備えてくださる。

と言いました。深い信頼の言葉です。ところが彼がイサクを屠《ほふ》ろうとした時、それをストップさせる御使いの声があり、そこに一匹の羊がいたのです。アブラハムはそれを捕まえ、イサクの代わりに献げ物としてささげました。神ご自身が必要なものを備えていてくださったというのです。

そこでアブラハムはその場所を「ヤーウェ・イルエ」と名づけました。「ヤーウェ」は「主」で、「イルエ」は八節で「備えてくださる」と訳されている言葉です。「ヤーウェ・イルエ」まさに「主は備えてくださる」です。しかも「イルエ」には「見る」という意味があります。主なる神は一切を見通し、すべてをご

存じだというのです。ここには摂理の信仰が息づいています。摂理は英語では「プロビデンス」ですが、この動詞形には、前もって見る、先を見るという意味もあります。神があらかじめご覧になり、すべてを知りつくして配慮し、人間に必要なものを備えていてくださるということなのです。

運命は厳しく冷酷なものです。人生には病気や災難など不幸な運命があり、やがて老いてついに死ぬ定めがあります。本当に人生の現実は厳しく悲しく、矛盾と不条理に満ちています。しかし「神が備えてくださる」という言葉は真実なのです。神はアブラハムのために雄羊を備え、ついに決定的に私たちの罪の贖いのために、独り子イエス・キリストを与えてくださいました。まさに冷酷な運命の中に、私たちを愛してやまない神の温かい思いが注がれているのを見るのです。

ローマの信徒への手紙八章三二節に、こうあります。

わたしたちすべてのために、その御子をさえ惜しまず死に渡された方は、御子と一緒にすべてのものをわたしたちに賜らないはずがありましょうか。

神は人間の救いのために、最愛の御子イエスを「惜しまず」与え、十字架の死へと引き渡されました。イプセンの詩劇『ブラン』の中で、貧しい女性がクリスマスイブに物乞いに来た時、妻は死んだ息子の大切な形見の品のうち、最も大切にしていた帽子だけは惜しくて胸にしまっておきます。しかし夫で牧師のブランに言われて差し出すのです。私たちには惜しむ心があり、自分のために大切に残しておきたいものがあります。アブラハムにとってイサクはかけがえのない存在でした。神にもこよなく大切にされていたものがありました。愛する独り子イエスです。しかし神は「御子をさえ惜しまず」与えてくださったのです。それは断腸の思いだったでしょう。しかし「惜しまず」与えられました。ここに愛の極みがあるのです。

だれかが私を待っている

人生は待つということの連続です。しかし年老いてもう何も待つものがないという人もありますし、若い時でも人生からもう何も期待するものがないと思うこともあります。

ところがイザヤ書三〇章一八節に、

主は恵みを与えようとして　あなたたちを待ち

とあります。人生において、私たちを待ってくれている存在があるというのです。かつて山口百恵が歌った「いい日旅立ち」という歌は、果てしなく広がる道のかなたに、どこかで自分を待ってくれている人がいると歌います。日本むしろ世界のどこかに、私を待っている人がいるともいえるのです。ところがここでは、天におられる永遠の主なる神が、恵みを与えようとして待っておられるというのです。本来は人間のほうが苦難の中で、主なる神の救いを待ち続けてきました。ところが主なる神が待っておられるのです。私たちが期待できない現実の中で、私たちを待ち、私たちに期待している方があるのです。

フランクル著『それでも人生にイエスと言う』の中に次のようなことが書かれています。「生きることに疲れた男性と女性がたまたま私の前に座っていました。二人は声をそろえていいました、自分の人生には意味がない、人生にもうなにも期待できないから、と。二人のいうことはある意味では正しかったのです。けれども、すでに、二人のほうには期待するものがなにもなくても、二人を待っているものがあることがわかりました。その男性を待っていたのは未完のままになっている学問上の著作で、その女性を待っていたのは子どもでした。彼女の子どもは遠く連絡のとれない外国で暮らしていましたが、ひたすら母親を待ちこがれていたのです」。

そこでさらに「以前、無期懲役の判決を受けたひとりの人が船で、囚人島に移送されました。その船が沖に出た時、火事が発生し、その非常時に彼は手錠を解かれ、救助作業に加わり、十人もの人の命を救いました。その働きに免じて後に恩赦に浴することになったのです。もしだれかがまだ乗船前にこの人に、お前がこれからも生きる意味があるのかと尋ねたとしたらどうか。たぶん首を横に振ったことでしょう。けれども、どんなことがまだ自分を待ち受けているかは、だれにもわからないのです。ちょうど十人の命を助ける仕事が彼を待ち受けていたように、どのような重大な時間が、唯一の行動をするどのような一回きりの機会が、まだ自分を待ち受けているか、だれにもわからないのです」と語られています。

私たちには未来のことはわかりません。「一寸先は闇」です。「人生は最後まで未知数」（日野原重明）です。しかし確かなことがあるのです。神は私たちに期待し、神は私たちに恵みを与えようとして、待っておられるということです。私たちも何かを待っていますが、主は必死になって待っておられるのです。そのことが具体的に示されたのが主イエスのご降誕です。

イエスは「見よ、わたしは戸口に立って、たたいている」（黙示録三・二〇）と言われました。W・H・ハントの「世の光」という絵画には、茨の冠をかぶりランプをもったイエスがドアをノックしている姿が描かれています。外には取っ手はありません。強制的に入ろうとはせず、私たちの自由を大切になさるのです。主は私たちが内側から開けるのを待ちながら、必死で扉を叩いておられるのです。『讃美歌第二編』一九六番に「すくいぬしは待っておられる、おむかえしなさい」とあります。主を迎えましょう。

罪と孤独からの自由

自由であることほど有り難いことはありません。それでは自由の反対は何でしょうか。ヨハネによる福音書八章三四節で、

はっきり言っておく。罪を犯す者はだれでも罪の奴隷である。

とイエスは言われました。罪とは何でしょうか。一般的な罪をも含むでしょうが、ヨハネ福音書においては、何よりもイエスを受け入れないこと、拒絶することなのです。主イエスについて「父のふところにいる独り子」(一・一八)、「天から降って来た者」(三・一三)、「世の光」(八・一二) など、さまざまな言葉で示されていますが、「わたしの主、わたしの神」(二〇・二八) であるイエスを受け入れず、救い主として信じないことが決定的な罪だというのです。むしろ人類は神から遣わされた独り子を十字架につけて殺しました。神を殺したことになるのです。それは大きな恐ろしい罪なのです。だからイエスを受け入れない者は罪の奴隷、悪魔の奴隷、暗く冷酷な運命の奴隷であり、生涯、来る日も来る日も罪を主人として仕え、隷属しているのです。自分は自由だと思っていても、結局、罪の支配下にあって束縛・隷属されているのです。

スイスの神学者トゥルナイゼンはバルトとの共著『われ山に向いて眼をあぐ』の中で「罪は奴隷状態である。……罪こそ自由に他ならないが、正しい自由ではなく、われわれが神から奪ったあの恐るべき間違った自由である。われわれは家出したのである。父無しに活動出来ると信じて自分自身の世界に突進して行ったあの放蕩《ほうとう》息子の家出を、行ったのである。そして放蕩息子は、父無しに活動する。そして彼のこの自由そのも

のが、消し難い奴隷状態に変化する。われわれは一人残らず、この奴隷状態を知っている」と述べています。神なしに生きることができると思いこみ、神なしに生きることが罪なのです。私たちが求める自由とは、神をぬきにした自由、神に逆らう自由なのです。反対に自分の不自由と悲惨を知り、神に助けを求めるなら、キリストが憐れみ、もはや奴隷ではなく、子として自由にしてくださるのです。

座古《ざこ》愛子（一八七八―一九四五）は歌人・詩人として活躍し、信徒として熱心に伝道し、当時はよく知られていた人です。幼少期は複雑な家庭環境と貧困のために苦しみ、十二歳の頃、信仰を教えてくれた祖母、さらに母も亡くなり、青年期以降は悪性リウマチのために寝たきりになり、苦難の人生を送りました。しかしキリストによって救いの経験をし、二十一歳の時に洗礼を受け、病床にあっても救われた喜びと十字架の愛の教えを伝えることを使命としたのです。神戸女学院に住み込んで、購買部で学用品を売る仕事を与えられ、横たわったままで働き、その姿を見て多くの人は励まされたのです。とくに自分と同じように苦しむ人々のために祈り、文書や手紙などをとおして、キリスト教伝道に従事したのです。

この人にとって救い・自由とは孤独からの解放であり、病気である自分の存在と病気の意味を知ることだと言っています。神を信じても病気が治るわけではないが、内面的にまったく変わったのです。病身のままの自分を神が用いてくださることを大きな喜びとし、「癒ゆること必ずしも幸福ならず、癒えざる是はたして不信に非ず、神は愛なり人間に幸福あれとこそ望み給はめ。誰にも災難を与へ給はず」と語っています。

病気や災難に遭うことは決して神の罰でも怒りによるのでもありません。神は私たちの冷酷な運命の中でこそ、キリストを与え、共に苦しみ、愛しぬいてくださるのです。そのような愛の神と共に生きるところに、孤独からの解放があり、罪の奴隷状態から自由にされ、他者と共に生きる幸いと安らぎがあるのです。

神の愛に包まれて

日本の社会においても、十二月はクリスマスで賑わいます。ところが二十五日が終わると、手のひらを返したように雰囲気は変わり、正月を迎える準備が始まります。しかし教会の暦においては、クリスマスのシーズンは主イエスの降誕日である二十五日から始まるのです。実はクリスマスは最初から十二月二十五日であったのではなく、後の教会でこの日に定められたのです。これはこの日が冬至の時期であることと関係があります。冬至までは昼の時間がしだいに短くなり、夜の時間が長くなります。しかし冬至からは昼の時間がだんだん長くなり、闇が光によって絶望が希望によって追放されていきます。冬至はそのような逆転の時として、クリスマスの意味にふさわしい時なのです。

ルカによる福音書二章二五—三五節には、シメオンという老人が出てきます。彼はこれまでさまざまな苦労をしてきたようですが、そのような厳しい人生にも、神の深い慰めがあると信じ、忍耐しつつ希望をもって生きてきたのです。こうして救い主イエスが生まれて四十日後のこと、イエスの両親は当時の定めに従って、イエスを神殿に連れて来ました。すると、

シメオンは幼子を腕に抱き、神をたたえて言った。「主よ、今こそあなたは、お言葉どおり　この僕を安らかに去らせてくださいます。……」

すでにシメオンは「メシアに会うまでは決して死なない」という約束を信じてきましたが、今やメシア・救い主である幼子イエスに出会い、人生を去っていくというのです。「メシアに会うまでは決して死なな

い」ということは、メシアに会う時は死の時、むしろ死においてメシアに出会うことができると解釈してもゆるされるでしょう。死は滅びや絶望ではなく、不安や恐怖や暗闇の中に転落していくことでもなく、私たちの救い主イエスとジャストミートする時なのです。

シメオンはイエスを腕に抱きました。神はイエスにおいて、人間に抱かれるほどにご自分を小さくされたのです。ついに十字架において、ご自分の限りない愛を示されました。そのような愛の中に包まれ、シメオンは去っていくのです。「あなたは私たちを、ご自身にむけてお造りになりました。ですから私たちの心は、あなたのうちに憩うまで、安らぎを得ることができないのです」（アウグスティヌス）とあるとおりです。死は大きな変転です。しかし「生きるにしても、死ぬにしても、わたしたちは主のものです」（ローマ一四・八）。死においても死においても、主イエスと結ばれ、神の愛の中に憩い、永遠の命に包まれるのです。

Ｅ・Ｍ・リーデル著『泣かないで、わたし死ぬのは寂しくないから』は、「パーリアティフ」医療についての書物です。「パーリアティフ」とは外套を意味するラテン語の「パーリウム」から生まれた言葉で、とくに終末期にある人を外套でやさしく包むような治療やケアを意味しています。死期が近づいた者に寄り添い、叫びや呻きや苦しみを受け止め、共感して危機を乗り越える助けを提供しようとするのです。

パーリアティフを必要としているのは、末期の患者だけではありません。私たちすべての人間は、常に死を前にした者、死の定めを負った存在です。しかしエデンの東に追放されるアダムとその妻に、神は「皮の衣を作って着せられた」（創世記三・二一）とあるように、人生の厳しい荒野に生きる私たちも、信仰において主に結ばれ、「キリストを着ている」（ガラテヤ三・二七）者として、神の愛のパーリウム、永遠の命の外套に包まれ、人生の冷酷な現実から守られているのです。

人間の存在の根拠

だれにとっても母と呼ぶ人はいますが、その姿はそれぞれです。しかしその母によってしか私の存在がないことを重く受け止めたいものです。河野進詩集『母』の中に「よい名」という詩があります。

お母さん／そっと呼んでみる／おおよい名だ／お母さん／大きい声で呼んでみる／やっぱりうれしい名だ／神さま／ありがとうございます

ヤコブの手紙一章一八節に、

御父は、御心のままに、真理の言葉によってわたしたちを生んでくださいました。

とあります。私たちは実際それぞれの母の胎内から生まれてきましたが、その背後には父なる神によって創造され、生まれてきたという厳かな事実があるというのです。それは「御心のままに」なのです。まったく神の一方的な自由意志、不思議なご計画、愛の心、摂理によってなのです。私たちの母はそれぞれ、良い母だと思える人もいれば、そうでない人もあります。母もさまざまです。しかしそういうことを貫いて、「天地創造の前に、神はわたしたちを愛して」（エフェソ一・四）くださっていたというのです。

私たちはこの世に偶然に生まれ、たまたま今ここに生きているというのではなく、神の愛、みこころ、摂理、ご計画によって生まれ、生かされているのです。私たち一人ひとりの存在の根拠が、天地創造の前からの実に深い神の愛という固い土台の上にあり、深いいしずえに根ざしているということなのです。まさに「御心のままに」、人間の側の状況や条件に依存せず、神の意志によって存在しているのです。

しかもこの「生んだ」という言葉は、神の創造を意味すると同時に、洗礼における新しい人間の誕生と解釈することもできます。洗礼式で読まれる「わたしたち人間は、罪の中に生れ、肉に属するものでありますから、そのままでは神のみこころにかなうことができません。思いや言葉や行いによって神に背いているものであります」という言葉にいつもドキッとします。本当に恐ろしいことです。しかしそれで終わりではなく、「そこで救主イエス・キリストは『だれでも、水と霊とから生れなければ、神の国にはいることはできない』といって、罪のゆるしと新しいいのちとをあたえるためにバプテスマの聖礼典を制定されました」と続いて語られるのです。

このように私たちは母の胎内から生まれただけでなく、天地創造の前から愛されていた者として、父なる神によって新しく生まれたのです。「罪が熟して死を生みます」（ヤコブ一・一四）という罪の存在から、永遠の命に至る存在として新しく生まれたのです。私たちは罪のゆえに絶望に至る者ではなく、赦しのゆえに永遠の命に至る者なのです。主イエスの十字架と復活において、大きな転換を与えられたからです。

河野進詩集『続　母』の中には「忘れない」という詩もあります。

わたしは太陽を忘れても／太陽はわたしを忘れない／わたしは神を忘れても／神はわたしを忘れない／わたしは母を忘れても／母はわたしを忘れない／太陽よ　神よ　母よ／無限の慈しみよ／永遠の愛よ

私たちはどのような母から生まれてきたとしても、その母をとおして、創造の前から神に愛され、選ばれた者として生まれさせられたのです。だからいかなる母であれ、私たちの母はかけがえのない存在なのです。同時に私たちは主イエスによって父なる神に愛され、聖霊のわざである「母なる教会」につながることがゆるされ、共に父なる神を仰いで、兄弟姉妹として交わりに生きることができるのです。

ねたむほどの神の愛

私たちはどのような人間なのでしょう。それぞれの場所で、それなりに信頼されて生きています。しかし本当の自分の姿はなかなかわからないものです。

ヤコブの手紙四章四節には、

神に背いた者たち、

という表現があります。これが神の目に映っている人間の姿なのです。「神に背いた者たち」は少し抽象的な訳ですが、実は夫婦関係における背信、すなわち不貞や姦淫を意味する言葉なのです。旧約聖書では主なる神とイスラエルの民は、しばしば夫婦にたとえられ、「花嫁のときの愛」（エレミヤ書二・二）とも言われています。しかしやがて神に背き、自分の欲望を満たしてくれるものを神として、心が惹《ひ》かれていったのです。とくに預言者ホセアは不倫の妻ゴメルに対して苦悩しながらも受け入れます。神の愛を知ったからです。私たちも真実の神を裏切り、自分の欲を満たしてくれる神に心が惹かれるなら、「神に背いた者たち」と言われるのです。しかしそこには神のねたむほどの愛があるのです。

続く五節に、旧約聖書を引用して、

神はわたしたちの内に住まわせた霊を、ねたむほどに深く愛しておられ……

とあります。私たち人間は単なる物体や肉体ではありません。罪深く愚かな私たちの中に、聖なる神の霊が住んでおられるのです。神はそのような霊を「ねたむほどに」愛しておられるのです。単に霊だけではなく、霊が内在している私という血肉の存在としてのすべてを愛していると言うのです。

「ねたむほどに」は出エジプト記二〇章五節で「熱情の神」と訳されている言葉です。神は熱情の神、むしろ「ねたむ神」なのです。神がねたむ、やきもちを焼くなどということは、あまりにも人間的で、違和感があるかもしれません。しかし人間が神でないものに心を奪われるなら、神は烈しく嫉妬するというのです。それは神が愛の神だからです。夫や妻の心が自分から離れ、他の人に移っていくなら、嫉妬するのは当然です。それは妻を烈しく愛しているからです。そのように神は私たちを愛しておられるということを意味しているのです。神を愛する私たちの心が、ほかのものに向かう時、神の嫉妬はクライマックスに達するのです。だれにも嫉妬心があります。むしろねたみのない人には、この神の烈しい愛がわからないのかもしれません。

宗教改革者カルヴァンは「ジュネーヴ教会信仰問答」において、神の「嫉みは、どんな意味をもっていますか」と問い、「神は同僚を認めておくことはできないということであります。なぜならば、神は限りない真実をもって、われわれにご自身を与えてくださいましたから、われわれもまた、一切をあげて彼のものとなることをお望みになるのであります。……迷信にそれることは、霊の姦淫であります」と答えています。

日本には八百万の神があると言います。日本の神々は嫉妬しないようです。神の同僚がたくさんいて、仲良くやっているのです。それはそれでよいことでしょう。ところが聖書の神は自分の同僚、同じ神々があることを認めないというのです。だから排他的だとも言われます。しかしそれは神が私たちを独占的に愛しておられる方だということです。他の神に心を惹かれても、何も感じない神ではないのです。夫妻のような関係だからです。一人の妻だけを愛して、他の女性を愛さないのは排他的なのではありません。霊の姦淫をすると神はねたまれるのです。十字架において示された神の愛は烈火のごとく激しいのです。

私たちのステータス

諺《ことわざ》の「馬子《まご》にも衣装」は、普段は労働着で馬を引いて人や荷物を運ぶ人でも羽織袴を身に付ければ立派に見えるということを意味しています。むしろ、人はみな裸で生まれ裸で死んでいく貧しく小さな存在なので（ヨブ記一・二一）、そのような人間が衣装を着るということは、ひとつのステータス・地位、立場、身分、状態を表していると言えます。「高級腕時計は男のステータス」と言われることがあります。しかしそれはうわべのステータスにすぎません。

創世記三章二一節に、罪を犯したために楽園であるエデンの園から追放される人間に対して、

主なる神は、アダムと女に皮の衣を作って着せられた。

とあります。神は罪を罪として安易に見逃すことはせず追放されるのです。しかしこの世の現実の厳しさの中を生きていかねばならない人間のことを心配して、「皮の衣」、動物の皮で作った立派な高級品である衣、また人間の皮膚・肌にぴったりと合った着心地のよい衣服を着せられるのです。これを神はみずから作られたのです。既製品や規格品ではなく、神の手作りの作品、慈しみと愛の衣です。これは冬の厳寒や夏の猛暑から、また害虫や野獣の襲撃からも守ってくれるという身体的な保護・防護の意味があります。しかもそれだけではなく、衣装は社会的な身分や地位を表すステータスをも意味するものです。

さらに衣服をまとうということは、人間としてのステータスを表しているのです。動物は衣服を着ません。人間だけです。人間はもともと神が「御自分にかたどって」創造された神の像、似姿です（創世記一・二六―

二七)。神が人に衣服を着せられたということは、人が罪に転落したにもかかわらず、なお本来の姿や立場、ステータスを回復させ、尊厳を与えようとしてくださったことを意味していると思われます。私たちが衣服を着るということは、人間であることのしるしなのです。だから裸をさらしてはいけないのです。

ところが神に忠実であったノアがある時、酔っ払って裸をさらけだし醜態を見せたことがあります。しかし神はノアを責めず、まわりの人の対応を問題にされました。ハムはノアの醜態を直視したのに対して、セムとヤフェトは後ろ向きに歩いて父の裸を覆ったのです。それでハムは呪われたのです(創世記九・二〇―二七)。箴言一〇編一二節に「愛はすべての罪を覆う」とあります。この言葉がペトロの手紙Ⅰ四章八節に引用され、「愛は多くの罪を覆う」と主イエスの十字架と復活の光のもとでリアルに明らかにされています。しかしまず聖書の初めに「神は……着せられた」と具体的に語られ、神の愛は聖書全体に通奏低音のように響いていると言えるのです。神は罪を犯した人間を愛の衣で包み、主イエスにおいて完全に罪をカバーし、赦してくださる方であることが示されているのです。まさにクライマックスは主イエスにあるのです。

こうしてガラテヤの信徒への手紙三章二六―二七節に、こう記されています。

あなたがたは皆、信仰により、キリスト・イエスに結ばれて神の子なのです。洗礼を受けてキリストに結ばれたあなたがたは皆、キリストを着ているからです。

神はご自身に背いた罪深い人間に、キリストという愛の衣を着せてくださったのです。それが洗礼の中に含まれている深い意味で、「神の子」という最高のステータスが明確にされているのです。「馬子にも衣装」、いやむしろ「罪人にもキリスト」です。この世の冷酷な罪と死の不条理の中でキリストを着るのです。だから互いの中にキリストを見るのです。そこに人間の本当のステータスがあり、祝福と幸いがあるのです。

愛されるため生まれた

「生れて、すみません」。これは太宰治の「二十世紀旗手」という文章の副題として出てくる言葉です。晩年の『人間失格』などの作品の中に、この言葉が響いているように私には感じられます。この世の中には、「生まれてすみません」と感じている人も少なくないのではないでしょうか。私たちも挫折や失敗をした時など、「生まれてすみません」と思うことがないでしょうか。

聖書の中にもしばしば、自分は生まれてこなかったほうがよかったのではないかと深刻に悩んでいる人が出てきます。苦難の生涯を送ったヨブは「なぜ、わたしは母の胎にいるうちに　死んでしまわなかったのか」（ヨブ記三・一一）と嘆き、預言者エレミヤは深い悩みの中で、「ああ、わたしは災いだ。わが母よ、どうしてわたしを産んだのか」（エレミヤ書一五・一〇）と告白しています。ある女性は幼い頃、母親から「お前さえ生まれてこなければ、生活が楽だったのに」と言われ、大きなショックを受け、深く傷つき、やがて非行に走っていったのです。私たちもそのようになっていたかもしれないのです。

ところが主イエスはイスカリオテのユダに対して、「人の子を裏切るその者は不幸だ。生まれなかった方が、その者のためによかった」（マルコ一四・二一）と言われたのです。裏切りというものが、いかに大きな罪であるか示されたのです。しかしこれは私たちすべての者に向けられている重い言葉でもあるのです。

しかしローマの信徒への手紙五章八節に、

わたしたちがまだ罪人であったとき、キリストがわたしたちのために死んでくださったことにより、神はわたしたちに対する愛を示されました。

とあります。「生まれなかったほうがよかった」と言われるような者が、それにもかかわらず神によって無条件に一方的に愛されているのです。キリストが死んでくださったことの中に神の愛が示されたのです。イエスは裏切り者のユダのためにも、ご自分を与えて償いとし、愛してくださったのです。

韓国のイ・チソンさんは大学生の時、交通事故で顔も体も、全身の五十五％の大火傷をして、もう生きてはいけないと絶望しました。しかし家族や教会の人々の祈りの中で、神の愛に支えられ、壮絶な苦しみを乗り越えて、新しく生きる希望が与えられました。そこで「わたしは堂々と胸を張ります。わたしたちはＶＩＰなのです。特別な人……あなたは愛されるために生まれた人なのです」と語っておられるのです。

チソンさんの再現ドラマの主題歌は韓国でよく歌われている「きみは愛されるため生まれた」です。

きみは愛されるため生まれた／きみの生涯は愛で満ちている／……永遠の神の愛は　われらの出会いの中で実を結ぶ／きみの存在が　私にはどれほど大きな喜びでしょう／きみは愛されるため生まれた／今もその愛受けている

（作詞・作曲／イ・ミンソプ　訳詞／神 明宏、朴 鍾弼&B.B.J.［イ・ミンソプ公認訳］）

私たちは太宰治のように「生まれてすみません」と言い、エレミヤやヨブのように生まれたことを嘆くこともあります。それほど生きるということは厳しいことです。しかし「きみは愛されるため生まれた」と語られているのです。母親から「生まれなかったほうがよかったのに」と言われた女性は、後に自分を愛し信頼してくれる人に出会い、立ち直ることができたのです。私たちも互いの出会いと交わりと愛の中で、生きる力が与えられるのです。私たちはＶＩＰ（Very Important Person）なのです。一人ひとり重要人物です。まさに「きみは愛されるため生まれた」。ここに人生の深い意味と目的と喜びがあるのです。

先回りする神の愛

私たちは問題をできることなら避けたり、困難から逃げてしまいたいと思って生きています。「三十六計逃げるに如かず」とも言われますので、それもひとつの生きる知恵でもあります。しかし「一難去ってまた一難」と言われますように、この世の問題や苦難は避けようにも避けられないのです。さらにいくら逃げても、逃れられない世界があるのです。詩編一三九編七―八節に、

どこに行けば
　あなたの霊から離れることができよう。
どこに逃れれば、御顔を避けることができよう。
天に登ろうとも、あなたはそこにいまし
陰府《よみ》に身を横たえようとも
　見よ、あなたはそこにいます。

とあります。神から逃げようとしても、神はどこにもおられるのです。神を知らず、忘れたとしても、神から逃れることができないのです。「天」に神がおられるというのはわかりますが、「陰府」にもおられるというのです。「陰府」は旧約聖書の時代には、神との関係がまったく失われた暗黒の世界のことで、死ぬとそこにくだると考えられていました。しかしそこにも神はおられるというのです。当時の人たちの常識や通念からすると、まったく驚くべきメッセージなのです。そのことは新約聖書において完全に明らかにされた

のです。天から降誕された神の独り子であるイエス・キリストは、私たちと同じように死を経験されました。さらに「使徒信条」では「死にて葬られ、陰府にくだり」と告白されているように、主イエスが神と絶縁された世界である陰府にもくだり、そこにおられるというのです。まさに天にも地にも、東西にも南北にもどこにも、神はおられ、神から逃れることができないと語っているのです。

スイスの医師であったマックス・ピカート（一八八八―一九六三）の『神よりの逃走』の冒頭に「いつの時代にも人間は神から逃走してきた」と述べられていますが、最後の「追跡者」という項目では次のように語られています。「今日の世界全体が神から逃走している。逃走の構造の中には、自分を破壊し、他のものを爆破するという力が潜んでいる。しかしそのとおりにはいかない。なぜなら至る所で逃走者たちは神にぶつかる。そこに逃走したと思っているものはすべて神の所有物である。彼らがどこに逃げて行こうとも、至るところに神はいる。同じ一人の神がどこにでもおられる。彼らが至るところから再び逃げていくのは、神が至るところに存在しているからである。神が存在しえない地はない。神が常に逃走者たちを追跡しようとすること、それがまさに神の愛なのだ」。

有名な詩編二三編六節では、「命のある限り　恵みと慈しみはいつもわたしを追う」と語り、それまでは敵に追跡されていた詩人が、今やその追跡以上に激しく主の慈しみに追跡されていると歌っています。

こうしてマタイによる福音書二八章一〇節では、復活のイエスは女性たちに、

わたしの兄弟たちにガリラヤへ行くように言いなさい。そこでわたしに会うことになる。

と言われました。イエスを見捨てて逃げてしまった弟子たちに、主イエスはガリラヤに先回りしてお会いになるのです。神から逃げることはできません。神の愛は先回りする愛だからです。

神の恵みの決意の中に

私たちの人生は大小さまざまの選択や決心の連続です。日常的な小さなことだけでなく、入学、就職、転職、結婚など生涯を決定するような大きな決心の時もあります。その決心ひとつで人生が大きく変わることにもなります。

クリスマスの物語はひとつの決心から始まっています。マタイによる福音書一章一九節に、

夫ヨセフは正しい人であったので、マリアのことを表ざたにするのを望まず、ひそかに縁を切ろうと決心した。

とあります。マリアの受胎は聖霊によるものですが、社会的には大罪だったので、ヨセフの決心は善意によるものでした。しかしそれは「共生」ではなく「離別」の決心だったのです。そこで人間の決心を翻させる神の介入がなされます。二〇節で主の天使が現れて、「妻マリアを迎え入れなさい」と命じるのです。

牧師として思いがけない経験をすることがあります。私は二〇一三年三月末で塚口教会を辞しましたが、続いて一年間だけは代務者として残り、月に一度の説教と長老会の責任を負う以外は自由となりました。そこで夏まで月に一度、境港教会の説教に行くことになりました。ところが境港の隣の松江市に塚口教会員の原正治・順子さんご夫妻が住んでおられ、心療内科を開業されているご長女・大竹民子さんと一緒に、六月十六日の礼拝に出席されたのです。民子さんは以前から私の書物などを熱心に読んでくださっていましたが、お会いするのはその時が初めてでした。礼拝後ご一家は松江市内に案内して、松江城の堀の遊覧船に共に乗

せてくださいました。遊覧して船着場に着いた時、民子さんが「今朝の礼拝で、洗礼を受けたいと思いましたが、可能でしょうか」と言われたので、私はたいへん驚きつつも心中では大喜びをしていました。主は時を備えられ、主に導かれて受洗の決心をなさったのです。その後いろいろと相談して、その年のクリスマスに塚口教会で洗礼式を行うことができました。まったく私の想定外の出来事になったのです。

洗礼志願の文章の中で「松江の船着場で、洗礼を受けることについて先生にお尋ねしました。船着場というのはまさに別の次元に行くかどうかの旅立ちの場所でもあります。私は神の民として生きるように民子と名づけられたそうです。この度洗礼を受け、神の民として、神の杖を持って、少しでも神様の役に立てるように生かされたいと感じています」と書き記されています。今はクリスチャンドクターとして祈りながら、心を病む方たちの治療をしておられることは、私にとってもたいへん嬉しいことです。

『帰郷　島崎光正遺稿詩集』の中に「無題」として「自主決定にあらずして／たまわった／いのちの泉の重さを／みんな湛えている」という詩があります。私たちは自分の人生を自分で決定することができない悔しさや悲しみがあります。この世の不条理や冷酷な運命のもとにあります。島崎光正氏は福岡で二分脊椎症という障碍をもって生まれ、医師の父はまもなく死去し母は精神的な病のため、長野県の祖父母のもとで育てられました。さらに十六歳の時に足の障碍が悪化し、松葉杖をつくようになられたのです。このような不遇、身体の障碍、不条理と矛盾の中で、自己決定によってではなく、神の決定、摂理により、神から与えられたいのちの泉の重さを湛えている、いっぱいにする、満たしているというのです。

ある人が「神は永遠に罪人と共にいることを決意された」と言いました。クリスマスは神の一大決心の時だったのです。まさしく私たちは神の永遠の愛の決心、恵みの決意の中に存在し生かされているのです。

Ⅱ　暗い小道を照らす灯

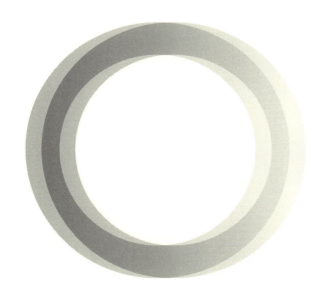

神様に計算違いはない

私たちは日常生活の中で、まわりの人にさまざまと望んでいること、期待していることがあります。それだけでなく神に対する願いや期待、望んでいることもあります。しかし私たちが望むことだけでなく、主が私たちに望んでおられることもあるのです。

イエス・キリストは、ルカによる福音書二二章一五節で、

苦しみを受ける前に、あなたがたと共にこの過越の食事をしたいと、わたしは切に願っていた。

と語られました。「切に願っていた」は原文では「切望」という名詞と「切望する」という動詞が重ねられています。しかも「切望」には、むさぼりや欲望など、また「切望する」には、ほしがる、むさぼるなどの意味もあります。こういう言葉を重ねて、どうにも抑えることができない切なる願いをもって、共に食事をしたいと望まれたのです。だからある人は「望みに望んでいた」と訳しました。こうして主は最後の晩餐において、十字架でご自分が裂く肉としてのパンと流す血としての杯を弟子たちに与えられました。パンも杯もイエス自身、まさにその命を意味しています。このようにして主イエスは、弟子たちがご自分の命を受けることを切に望んでおられたのです。

石原美生子著『祖母岡島倭子《しずこ》の生涯――みむねのままに』は感動的な書物です。倭子は一九〇〇年、愛媛県生まれで、松山女学校（現東雲学園）に在学中に洗礼を受け、二十二歳で結婚して香港に渡り、やがて夫が受洗しました。その後、夫の転勤先のブエノスアイレスで共に生活し、そこに日本人教会を設立しました。

ご自身は三十九歳の時帰国しましたが、シンガポールで勤務していた夫は一九四五年四月、帰国中の阿波丸が撃沈されて亡くなったのです。

その悲痛は深いものでしたが、「春の祈り」の中に「一羽の雀も神様の御許しなくば地に落ちず、一枚の木の葉も御許しなくば散りません。まして私どもにとり無くてはならないただ一人の良人であり、父親を神様は故なくして御聖国に召し給う筈はありません。多くの友はこの出来事に対して神様の御旨が分からない、この事は、二二が三だ、二三が五だと申されました。又神様はきっと計算を間違えて十年早く彼を召し給うたのだと。然し私は今この事は二二が三でなく、神様の為さる事は必ず二二が四であり、二三が六であり、必ず割り切れるのでありますと信じます。／神様には決して計算違いはありません。神様の為し給う事は常に最善であり、与え給うものは常に最上であります」と書かれています。

戦後、倭子は農村伝道という夫の夢を実現するために、当時住んでいた西宮から往復六時間かかる三木市の志染《しじみ》に通い、困難な開拓伝道を開始しました。まず山の家を建てて日曜学校を始め、さらに「老人の友となりなさい」という神様の声を実現するために労し、やがて志染愛真ホームの落成式を行うことができました。その後「神は愛なり」と言って息を引き取りましたが、後継者たちによって鉄筋の立派なホームが新築されたのです。まさにその生涯は主の「みむねのままに」生きる信仰と愛の生涯だったのです。

私たちの人生は神から与えられたものです。自分の思いどおりに生きていいはずはありません。神のみむねの歯車と私たちの祈りが嚙み合っていくところに、祝福の人生が開かれてくるのです。主イエスは私たちに命を与えたいと切望し、十字架によって実現してくださいました。だから私たち一人ひとりの存在は主イエスの命の切望の結晶です。主の命のいぶきを呼吸して、少しでも「みむねのままに」生きたいものです。

命の冠をいただくために

私たちの人生は試練の連続です。試練は避けることはできません。試練にどのように対応すればよいのでしょうか。

ヤコブの手紙一章一二節に、

試練を耐え忍ぶ人は幸いです。その人は適格者と認められ、神を愛する人々に約束された命の冠をいただくからです。

とあります。試練はつらいものです。試練に遭うと自分は何と不幸な人間なのかと深刻に悩み、試練の渦の中で絶望的になり、自分を失うことにもなります。しかしそこにもひとつの光が差し込み、「幸いです」という言葉が聞こえてくるのです。

人間が人間として生きていく時、何がもっとも大切かについて、ヤコブの手紙は「忍耐」だと言うのです。試練がない人生はありません。試練があるということは、まさに生きているということの証しなのです。「忍耐」は「耐え忍ぶ」という言葉の名詞形で「あるものの下に留まること」を意味する言葉です。つらく苦しいからと言って、そこから逃避せず、踏み留まることです。

ローマの信徒への手紙五章三―四節にも、

わたしたちは知っているのです。苦難は忍耐を、忍耐は練達を、練達は希望を生むということを。

とあります。「忍耐は練達を、練達は希望を生む」のです。試練や苦難はしばしば私たちの人生を破壊し、無にするものとなります。しかし「試練を耐え忍ぶ人は幸いです」と宣言されているのです。なぜなら試練や苦難が破滅の方向から、生むという生産の方向に導き、建設の世界を開くからです。

だから「適格者と認められ」るのです。「適格者」と訳されている言葉は元来、金属などの純度を確かめて「試験ずみ、証明された」ということで、先に述べた「練達」に通じる言葉です。私たちも人間として生きる時、真の人間であるかどうかが試され、テストされることによって、本物であると認められることになるのです。人はこのような試練の中でテストされ、試練をとおして真の人間となるのです。

むしろ神に従い始める時にこそ、その従順や信仰が本物であるかどうかテストされるのです。旧約聖書のヨブは「無垢な正しい人で、神を畏れ、悪を避けて生きている」人でした。しかしサタンの試みに遭うことになったのです（ヨブ記一章）。主イエスご自身も神から愛されていたゆえに、試みを受けられたのです。私たちも「主は愛する者を鍛え、子として受け入れる者を皆、鞭打たれる」（ヘブライ一二・六）と語られているのです。学生は試験があるから勉強し、スポーツでも試合があるから一生懸命に練習します。試験や試合がなければ気楽ですが、のんべんだらりとした生活となるでしょう。勉強や練習をすることによって成長できるように、試練をとおして真の人生と呼ぶにふさわしい歩みが開かれるのです。

私の母は四十五歳の時に難病になり六十五歳で亡くなるまで、つらい闘病生活を強いられましたが、しばしば「患難は忍耐を……」と口ずさみ、私につらいことがあると、「艱難汝を玉にする」と言って励ましてくれました。ベートーベンも苦難の生涯でしたが、「苦しみを通って喜びへ」の道を歩んだのです。若い日に恩師から「メッキがはげるような人間になるな」と教えられましたが、自問自答する今日です。試練に遭われた主を仰いで試練を耐え忍び、ついに「命の冠」をいただくことができれば何と幸いなことでしょう。

試練と宝玉

苦難や悲哀、不幸や災い、病気や困難などさまざまに問題にぶつかると、人は何が原因なのか、だれが悪いのか、何かの罰があたったのか、神々のたたりか、呪いなのかと苦しむことになります。そのような苦難や困難に遭うことを試練ということもあります。

このような苦しい目に遭う時、私たちは厳しい試練を受けられたイエス・キリストを思い出し、その苦難を見つめることができるのです。イエスは人間の弱さをよくご存じで、「主の祈り」において「我らをこころみにあわせず、悪より救い出したまえ」と祈るよう教えられました。試練は偶然でも運命でもなく、神が与えられるものだというのです。だから私たちの日々は、自分も家族も友人も知人も、すべての人を試練に遭わせないでくださいと神に祈ることから始まるのです。

しかし実際には私たちは苦しみを避けることはできません。人生のいつか、どこかで試練に遭うことになるのです。しかも弱い私たちは試練の中ではまったく無力な存在です。

ところがマタイによる福音書四章一節に、

さて、イエスは悪魔から誘惑を受けるため、〝霊〟に導かれて荒れ野に行かれた。

とあります。〝霊〟とは神の霊・聖霊のことです。イエスは聖霊によって母マリアの胎内に宿り、また洗礼を受けられた時、神の霊が降り、「これはわたしの愛する子」という声が天から響いたのです。その同じ霊によってイエスは荒れ野に導かれたのです。命を生み出す聖霊、子とする神の愛の霊によって、イエスは試練の場に立たされたのです。神から憎悪され呪われているから悪魔の試みに遭うのでも、何かの罰やたたりによって試練に遭うのでもありません。神の愛の独り子、秘蔵っ子だからこそ試練を受け、苦難にさらされるのです。試練はつらいものですが、これを乗り越えて、人生の一段高い所に立ち、人生の深い意味を知ることができるのです。かつてある青年が、さまざまな試練を受けながら、「試されるほどに愛されている」と証しされ、私は深い感動を覚えました。

三浦綾子著『明日のあなたへ』において、「試練のない生活、それが最大の試練だ」という言葉を引用し、次のように述べておられます。「私は長い病気の間、この世に病気がなければよいと思った。自分の人生に、こんなに病みつづける日が来ようとは……と嘆いたこともあった。だが、今となっては、自分の人生をふり返ってみるのに、その受けた試練は、宝玉のようなものだと感じている。もしも今まで、只の一度も試練に遭わず、つまり愛する人との死別にも生別にも遭わず、病むことを知らず、思いのままになる人生であったとしたら、私は涙というものを知らない人間になったであろう。聖書には〈泣く者と共に泣け〉（ローマ一二章一五節）という言葉があるが、泣く者と共に泣くことはむろんのこと、喜ぶ者と共に喜ぶ優しささえ、持ち得なかったにちがいない。神は無駄なことはなさらないお方だ。神の与え給う試練には、それなりの深い意味があるのではあるまいか」。

私たちは試練を避けることができません。しかし厳しい試練を受けられた主イエスが共にいてくださいます。主は「あらゆる点において、わたしたちと同様に試練に遭われたのです」（ヘブライ四・一五）とあります。それだけでなく真実な方である神は「試練と共に、それに耐えられるよう、逃れる道をも備えていてくださいます」（コリントⅠ一〇・一三）。試練も神の御手・支配の中で、クリアできるのです。

幸不幸と神の祝福

だれでも幸せでありたいと願っています。しかし幸せとはもともと「仕合わせ」という言葉で、めぐり合わせや運を意味し、良い場合にも悪い場合にも用いられていました。ところがやがて仕合わせ・めぐり合わせや運が良い場合に限って、幸せというようになったのです。私たちは幸せと言いますが、それは単にめぐり合わせや運が良いことを意味しているにすぎず、確かな根拠がないのです。

私たちの人生において、巡り合わせのいい時も悪い時もあります。また運のいい人もいれば悪い人もいます。なぜあの人は運がよく自分は運が悪いのかと悩むものです。因果応報という考えもありますが、幸せというものは偶然的なもの、単なる巡り合わせだということです。英語では幸せなことを〝happy〟といいますが、これはたまたま起こるという〝happen〟に関連した言葉です。私たちがハッピーと言うのはきわめて偶然的なことで、幸福も一つのハプニングでさえあるのです。だから運や不運によって私たちの一度限りの人生の価値が決められ、幸や不幸が定められるなら、たまったものではありません。

私たちの未来はどうなるのか、だれにもわからず、幸不幸というものは、偶然と偶然の巡り合わせ、ハプニングとハプニングが折り重なっているものです。幸せである保証はどこにもありません。幸運の根拠もないのです。幸せはあなたまかせで、まったく受動的なものです。

ところがイエス・キリストはルカによる福音書六章二〇節で、

貧しい人々は、幸いである、

神の国はあなたがたのものである。

と語られました。「幸いである」の原語「マカリオス」という言葉は、内容的に豊かな含蓄をもっていて、祝福に満ちた、恵まれたなどの意味があり、英語では"bless"と訳されています。イエスは少しの曖昧さもなく、あなたは幸いだと断定し、祝福を宣言しておられるのです。運か不運か幸か不幸か、私たちの人生はあてになりません。だれも自分の手の中に幸福の鍵をもっていないのです。しかしイエスは祝福の鍵を握り、運不運や幸不幸によらず、幸いだと言ってくださるのです。

貧しい人々が祝福されているのです。貧しさは物質的経済的なことだけではありません。物質的には一応満たされていても、他のことで貧しさを感じることもあります。たとえば十の内、九が満たされていても、一つの貧しさで苦しむものです。能力や体力の貧しさ、知識や知恵の貧しさ、人間関係や孤独を感じる貧しさ、病気をわずらう貧しさや年老いて弱さを感じる貧しさがあり、やはり死に対する恐怖は貧しさの極みとなるのです。

しかし貧しさそのものが幸いなのではありません。ポイントは「神の国はあなたがたのものである」にあるのです。「神の国」とは領土ではなく、支配や統治のことです。神の愛の支配、神の恵みの統治があり、神の力が及んでいる領域です。私たちは自分の貧しさを知れば知るほど、まさに貧しさの中でこそ、神の大きな支配が及び、命が届いていることを経験するのです。貧しさの中でこそ、神の国が見えてくるのです。神が十字架のイエスにおいて、私たちと共にいてくださるからです。貧しさの中で神の臨在を経験し、祝福と恵みの現実を知ることができるのです。貧しさは避けたいものですが、貧しさで苦しむなら、それは不幸なのではなく、神に近づくことができ、幸いと救いと喜びにあずかる機会となるのです。

神のプランニングノート

私たちが人生を終えた時、後世に何を残すことができるでしょうか。かつてある教会員から「人生の終わりが近くなって、私のこれまでの歩みを振り返って、したためてみましたので、読んでくださいませんか」と原稿用紙八十枚に、すべてを包み隠さず赤裸々に書いた文書をいただき、読ませていただいたことがあります。そこには神の恵みに生かされたというメッセージが響いていました。ある週刊誌に「親が死ぬまでに絶対に聞いておくべき七つのこと」という特集がありました。七つのこととは「介護、医療、遺言、財産、葬儀、墓、メッセージ」です。また最近はエンディングノートに記して残しておく人が増えているようです。とくに「ラスト・プランニングノート」というものがあります。本人が書けなくても、家族が本人から聞いて記入してあげれば、親子や家族とのコミュニケーションを深めることができると言われています。

さて創世記の最後五〇章二二―二六節はヨセフの臨終の場面です。ヨセフは兄弟たちにエジプトに売られましたが、エジプトの宰相となり、世界を飢餓から救い、また家族を呼び寄せて共にエジプトで住むことになりました。その晩年は家族に囲まれ、幸せな時を過ごしたのです。しかし二四節で、兄弟たちに、

「わたしは間もなく死にます。しかし、神は必ずあなたたちを顧みてくださり……」

と言いました。「間もなく死にます」は「死につつある、死に向かっている」という意味の言葉です。死を目前にしての言葉ですが、人間はみな「死に向かっている」存在です。「この世に生まれるということは、死に向かうバスに乗るようなものである」と言った人がいます。若い人でも死につつあるのです。実際にヨ

セフは時間の問題として「わたしは間もなく死にます」と言いました。ヨセフの生涯にピリオドが打たれるのです。一族の大黒柱であったヨセフが死ぬことは重大な問題でした。事実イスラエルの子孫はやがてエジプトで奴隷とされ、厳しい苦役を強いられることになるのです。

ところがヨセフは希望の言葉を残すのです。「神は顧みてくださる」と語ったのです（二五節も参照）。「顧みる」は「訪れる、覚える、報いる」などの意味もあり、具体的にはイスラエルが神の約束の地カナンに入ることを示しています。ヨセフの生涯は終わりますが、それは新しい歴史の始まりを告げるものだったのです。だからある人は「ヨセフの最後の言葉は、追憶でも、恨みでもない。それは希望である」と言いました。この希望の言葉はやがてイエス・キリストにおいて実現することになります。ルカによる福音書一章の「ザカリアの預言（賛歌）」の中には、「訪れる」という言葉が二回出てきます。「主はその民を訪れて解放し」（六八節）、また「高い所からあけぼのの光が我らを訪れ」（七八節）とあるのです。

神ご自身が私たちのもとに来訪・訪問してくださるのです。王が一般の人、庶民の家を訪ねることなどありません。ところが「王の王」である神ご自身が、主イエスにおいて訪問してくださるのです。何と幸いなことでしょうか。まさにヨセフが命がけで語ったように、やがて「神は顧みてくださる」のです。これは「神の言葉に基礎をおくヨセフの信仰」（リュティ）です。

今日、世界は破滅に向かっているのではないかとさえ思われます。たしかに危機的な状況です。しかし私たちは希望を抱くことができるのです。この世は滅亡へと向かうのではなく、キリストの再臨へと向かっているのです。しかも「たとえ明日、世界が滅ぶとしても、今日、私はリンゴの木を植える」（ルター）のです。神の摂理の「ラスト・プランニングノート」にゆだねつつ、今を希望をもって生きたいものです。

神の心が人に向かって

「近頃の若い者は」とよく言われますが、この言葉は古代ギリシアの時代から言われ続けられてきたそうです。いつの時代にも世代間のギャップがあり、なかなか話が通じず、理解できないものです。

ルカによる福音書一章五―二〇節は、天使が年老いたザカリアに現れて良い知らせを告げる場面です。妻エリサベトとの間に子が生まれ、ヨハネと命名されて、大きな使命が与えられるというのです。一七節に、

　エリヤの霊と力で主に先立って行き、父の心を子に向けさせ、……

とあります。マラキ書三章二三―二四節には「彼は父の心を子に　子の心を父に向けさせる」とあります。当時、救い主が現れる前には、エリヤという預言者が再来すると信じられていましたが、今やヨハネこそ救い主に先立つ再来のエリヤであるというのです。

マラキの時代、ギリシア文化の影響によって、世代間の対立が生じ、若い世代は外国の新しい文化に心を惹《ひ》かれて、伝統的な価値観を大切にする老人との間に深い溝が生まれていたのです。このことは親子の問題にとどまらず、イスラエルの共同体の基盤そのものを揺るがし、世代間に深刻な亀裂が生じたのです。そのような危機的時代にマラキは、エリヤが現れて「父の心を子に　子の心を父に向けさせる」と言ったのです。ところが興味深いことに、マラキ書の「子の心を父に向けさせる」は省略されて、ここには「父の心を子に向けさせ」だけが引用され、父の心をどうさせるべきかが強調されているのです。社会の混乱はまず家庭の崩壊として現れます。そのような現実の中で重要なことは、父の心を子に向けさせることです。子は父の

心に従えという前に、まず父の心が子に向かい、父が子に関心を抱き、父が子を愛することが大切なのです。愛された経験のない者は、みずから愛し始めることはできません。小中高生の暴力の問題が深刻だと報道されています。しかし子は親の鏡であり、今こそ「父の心を子に向けさせ」るということが重要で、先に生まれた者がまず愛に生きなければならないのです。父母や先生と呼ばれる資格があるのは、そのような人のことなのです。

さらにこのような父と子の関係を比喩として、神の人に対する関係と考えることもできます。「父の心」とは神の心でもあります。なぜなら神はみずから心を大きく変えて、ご自身の心を人間に向け、救い主イエスをこの世に遣わし、愛してくださったからです。

ジョン・ミルトンは十七世紀の英国の詩人ですが、清教徒革命の失敗によって挫折と恥辱を味わい、さらに失明と痛風という苦しみを経験しました。しかしそのような失望と悲惨の中で、有名な『失楽園』や『楽園回復』などを書き残したのです。その原動力は信仰だったと言われています。彼の自伝とも言われている『闘士サムソン』の最後の場面では、合唱隊が「すべては最善だ。……神は御顔を隠しているように見えるが、思いがけなく帰って来られる」と歌い、また「その耳は常に聞き、その目は哀願する者をゆるしてくださるほど慈悲深い」とあります。

この世は暗く矛盾に満ちています。しかし信仰の言葉は「すべては最善だ」、「オール・イズ・ベスト」なのです。神はこの世を愛し、私たちを救うために「思いがけなく帰って来られる」のです。十字架において神は私たちを子として、その愛の心を向けてくださるのです。「すべては最善だ」と信じて、いかなる苦難や悲哀の中でも虚無に陥ることなく、新しい希望をもち、互いも理解し合う道が開かれることでしょう。

暗い小道を照らす灯

人生は旅のようなものです。私たちは旅人です。聖書の中にも「わたしはあなたに身を寄せる旅びと」(詩編三九・一三、口語訳)とあり、私たちが旅人にたとえられています。人生には山があり谷があります。広い道や明るい道もありますが、狭く暗い道もあり、夜道を一人でとぼとぼと歩くような時もあります。「生きることは、かみそりの刃のように狭い道を歩むに等しい」と言った人がいます。生きることはなんと厳しいことでしょう。

私たちは薄氷を踏むような思いで生きていたり、綱渡りをしているように思うこともあります。実際に人生には思いがけないところに、落とし穴があります。この世に生まれて乳幼児から少青年時代、さらに壮年時代や老年時代をそれぞれ生きていますが、その時々に独自のさまざまな危機があります。まさにかみそりの刃のように狭い道、あるいは暗い夜道を歩まなければならないのです。

詩編一一九編一九節でも、「この地では宿り人にすぎないわたしに」と語り、自分は旅人だと言っています。ところが一〇五節では、

あなたの御言葉は、わたしの道の光
わたしの歩みを照らす灯《ともしび》。

と語られています。「道」は「足」という言葉なので、「わたしの足下を照らす光」ということになります。道全体を照らすようなものでなく、ランプのように小さな光ですが、足下を明るく照らすものです。また

「歩み」は小道という言葉です。私たちが旅人として歩いているのは小道、狭い道です。踏みはずすと谷底に落ちるかもしれないような狭い道なのです。しかし「灯」があるのです。神が天地を創造された時、「光があった」（創世記一・三）とありますが、「灯」はあの光と同じ言葉です。灯のように小さい光かもしれませんが、風前の灯のようなものではなく、いつまでも消えることのない永遠の光なのです。私たちは今を暗い夜と感じることがあります。しかし聖書の言葉は私たちの闇夜を照らして救いへと導く光なのです。光としての神の言葉は私たちの困難な旅を導くものなのです。

しかも「あなたの御言葉」とあります。神は私たちにとって、「あなた」と呼ぶことのできる方なのです。ある人が娘さんの病気が治るよう、一生懸命に祈ったが、やがて娘さんは死んでしまわれたそうです。祈りは聞かれなかったのです。しかしその方は「私は病気の娘のための祈りの中で、神様が親しい方となりました」と言われたそうです。神はどこか天の彼方におられるような遠い存在として感じられることがあります。しかしイエス・キリストの神は「あなた」と呼ぶことができるほどに親しい方なのです。運命や宿命は鉄の扉のように、どんなに祈り呼びかけ、訴えアピールしても、答えてはくれません。訴えがいがありません。運命は冷酷なものです。しかし神はいつでもどこでも、「あなた」と呼ぶことのできる近く親しい方なのです。私たちは自分の祈りがなかなか聞かれないことを経験します。しかし神は私たちの最も近いところ、傍らにいてくださるのです。

どのような人生の危機の中でも、神は私たちの救いと慰めとなる言葉を語ってくださいます。人生のトンネルをくぐっている時にも、夜の暗闇を歩いている時にも、御言葉の光として私たちの足下を照らしてくださいます。暗闇の中で私たちを導く光、行く手を照らす灯があるのです。それは聖書です。主の言葉です。

一つの希望に

私たちが生きていくためには、いろいろなものが必要です。しかしなくてすむものもあります。私たちはそれを必死で求めているのではないでしょうか。しかしこれだけはどうしても不可欠だというものがあります。それは希望です。希望の希という字は「まれ」という言葉です。すなわち希望というのは、いろいろな可能性があるというよりも、行き詰まりや挫折の中にあり、未来に光が見えないけれども、しかし私には希望があるということなのです。まさに真実の希望というのは、水平の次元を超えた、垂直の世界から来るものなのです。いろいろなものがなくても、人間は生きられますが、希望！　これだけはないと人間は生きることができないのです。

エフェソの信徒への手紙四章一節に、パウロは自分のことをこう述べています。

主に結ばれて囚人となっているわたしはあなたがたに勧めます。

囚人とはあらゆる可能性が奪われている存在です。しかし四節では、

あなたがたが、一つの希望にあずかるようにと招かれている……

とあります。私たちは神から招かれているというのです。希望の世界への招待状をいただいているのです。この世の集まりに招待されるためには、資格や功績や条件が必要です。しかし神は私たちを何の資格も条件も求めることなく、なくてはならない希望の世界に招いてくださっているのです。

三七頁で紹介している韓国のイ・チソンさんと、私は不思議な出会いを与えられました。二〇〇八年八月

に塚口教会が韓国の「善《よ》き牧者教会」と姉妹提携をするため、私は教会員十名と訪問し、よき交わりの時をもつことができました。その帰りに、あるご婦人が『チソン、愛してるよ。』という本をくださいました。何だろうかと思いながら帰国してすぐに読んだこの本は、私にとって最高の「おみやげ」となりました。

チソンさんは交通事故による大火傷という耐えられないような試練を経験しながら、ただ神様を信じ、また家族や教会などまわりの人の愛と祈りによって、乗り越えていかれたのです。彼女が久しぶりに教会に行った時、以前は参加していた壇上の聖歌隊に加わることなどできず、帽子を深くかぶり、うつむいて座り、「神さま、わたしをどうなさるおつもりなのか、お教えください」と祈りました。礼拝後、牧師が近づいて「チソン、わが愛する娘よ、わたしがお前をこの世界の真ん中に立ててあげよう。苦しみ病んだ者たちへの希望のメッセージにしてあげよう」と言われました。牧師の口をとおして天の神さまがお話しになったのです。チソンさんの心は癒されました。そして、かつては直視できなかった自分の姿に向かって、「こんにちは、イ・チソン」と呼びかけると、鏡の中の新しいチソンも挨拶を返しました。「チソン、愛してるわ」と。

チソンさんは言います。「生きること、生き残ることは、死ぬことよりもはるかに、千倍万倍つらいことです。しかし命がどれほど貴いものか、愛がどれほどあたたかいものか、希望がどれほど大きな力を与えてくれるものか、幸福がすぐそばにあるということも、わたしたちは知っています」。

その後、韓国に行った帰りに本をくださったのは、チソンさんのお母様のシム・チョンさんであり、チソンさんはその教会員であることがわかりました。やがてチソンさんとお母様に来日をお願いし、伝道集会でチソンさんとお母様の感動的な講演を聞くことができたのです。こうしてチソンさんを愛されている同じ神に私たちも愛され、同じ神を仰いで、同じ「一つの希望に」あずかっていることを感謝したのでした。

世界史的出来事

国連の世界人口基金によると、二〇一一年に世界の人口は七十億人に達したそうです。私たちは七十億分の一という、いてもいなくてもいいような、ますます小さな存在になってきたのです。

さて創世記五章の系図の中に出てくる人たちの平均寿命は約八百五十年に及んでいます。このような数字は生物学的にはありえないので、さまざまな解釈がなされてきましたが、長寿であったということは、彼らが神との関係性の深さに生きた人間であったことを示しているのです。神に近く生きている者は神の祝福を受けて、長寿であったということが示されているのです。しかし時代が過ぎて神との関係が薄くなるにつれて、人間の寿命は短縮していきます。今日、平均寿命が延びたとはいえ、まだそれだけしか生きられないのは、神に背いたため、神の祝福を受けられなくなったからであるというのです。神に罪を犯したために人は死の影を宿すことになり、結局「罪が支払う報酬は死」(ローマ六・二三)なのです。この系図の人物が長寿であったとはいえ、結局みな「死んだ」と書かれています。成功とか失敗、幸福とか不幸とか、善人とか悪人とか何も書かれず、ただ「死んだ」とだけあります。死だけはすべての人に平等に訪れるのです。

しかしエノクだけは例外です。この人は短い生涯でしたが、創世記五章二四節に、

神と共に歩み、神が取られたのでいなくなった。

と書かれています。三浦綾子さんは「わたしたちが死んだ時、一行でわたしたちの生涯を誰かが記すとしたら、はたして何と記してくれるだろう。『彼は一代にして財を為し、七十五歳で死んだ』と言ったところ

であろうか。それともスタンダールのごとく、『生きた、悪をした、死んだ』であろうか。『神を信じ、人を愛して死んだ』と書かれる生涯を送る人は、まれであろう」と述べていますが、エノクの生涯は「神と共に歩む」生涯であり、神との間には特別な深い交わりの世界があったのです。

ただし「神が取られたのでいなくなった」というのが、どういう事態であったのかは示されていませんが、ただ神が取られるという長寿にまさる至福があるということが示されているのです。ここには死を見ない至福、神と共に歩む者の上にあるという希望の萌芽が暗示されています。この希望は主イエスにおいてすべての人に開かれたのです。神と共に歩む者だけが死を経験しないで、神のもとに移されたと告白されるのです。私人は確かに死にます。しかし主の復活の中で、死は死ではなく、永遠の命の世界への入口となるのです。私たちはエノクのようには神と共に歩むことのできない罪深い者ですが、ただ主イエスにおいて、神は私たちと共にいてくださるのです。私たちは神のパートナー、神と共にある存在として造られました。だから私たちがこの世の生を終えたとしても、永遠の神が私たちのパートナーでいてくださるのです。

神の祝福において、死はもはや恐怖でも虚無でも絶望でもなく、永遠の命の主である神のもとに取り去られる慰めと喜びと希望となるのです。だからモーツァルトは「死は私たちの生涯の真の究極目標であります。ここ数年来、私はこの人間の真実の最善の友と親しんできました。それで死は私にとってもはや何ら恐るべきものではなく、心を安らかにし、慰めてくれるものとなったのです」と書き残したのです。

ある人が「(人が)生きているということは、世界史の中ではいと小さな事であるかも知れない。が、彼がどんなに小さな存在であっても、彼が一人の人間であるということは、世界史のどんな事件にも増して大きい事件である」と言いました。世界に七十億人いても、一人の小さな人生は世界史的出来事なのです。

落胆しない！

「この国には何でもある。本当にいろいろなものがあります。だが希望だけがない」。これは村上龍『希望の国のエクソダス』の中に出てくる言葉です。「エクソダス」とはもともと旧約聖書に出てくる「出エジプト」のことです。神の導きによって、弱小の民であったイスラエルは、奴隷の地から自由の世界へ脱出し、希望の大移動をしたのです。今日の日本の社会には、とくに若者たちの間で希望を持てないさまざまな状況が現れ、また少子高齢化や経済的状況の不安定などの問題が指摘されています。このような失望と落胆の時代の中で、希望の力を模索するさまざまな動きも起こっています。今の時代に限らず、人間が希望をもつということは、本来むつかしいことです。私たちも人生の途上で失望、落胆し、意気消沈し落ち込みます。私たちの人生にいろいろなものがあっても、希望がないと生きてはいけないのです。

コリントの信徒への手紙Ⅱ四章一節で、パウロは、

わたしたちは、……落胆しません。

と語っています。さらに一六節でも再び「わたしたちは落胆しません」と語っています。たいへん力強く「わたしたちは落胆しません」と繰り返して語っているのです。パウロも実際にはしばしば失望、落胆していました。さまざまな苦難や困難があり、飢えと渇きがあり、日々迫るやっかい事や心配事があったのです（Ⅱコリント一一・二三—二八参照）。しかし「わたしたちは落胆しません」と言うことができたのです。本来「落胆」というものは、私たちが自分の力で抵抗できるほど容易なものでも簡単なものでもありません。

むしろ落胆は私たちの存在の中に働いている根源的に大きな力です。落胆は私たち人間の力では回避できず、乗り越えることもできない大きな力なのです。なぜなら私たちは死の支配の下に生きており、結局、死の圧倒的な力のもとに敗北するほかないからです。人生は死の力の下に存在しているのです。私たちは落胆の力がどれほどのものであるのか、その全貌をまだ知らないのです。やがて人生のどこかで、ついに最終的に私たちを落胆させる圧倒的な力の大きさを経験しなければならないのです。むしろ今すでにそのような大きな力の下に支配され、罪と死に束縛されているのです。

しかし絶望ではないのです。大きな落胆の力に支配されながらも、「わたしたちは落胆しない」と言うことができた人がいるからです。だれも落胆の力に抵抗できません。しかし私たちを支える大きな力があるのです。カール・バルトは「『落胆』の力をねじ伏せるような一層強大で優越的な力——この世から生じたものでないことによって鉱石や岩石よりも堅固な必然性、でなければならないであろう」と語っています。落胆の力をねじ伏せる、岩よりも強大な力があるというのです。それは無から有を創造し、死人を生かす復活の力、罪人を赦す神の愛の力です。これは信仰詩人・八木重吉の詩です。

むつかしい路もありましょう
しかしここに確かな私にも出来る路がある
救って下さると信じ　私をなげだします

人間としてできることは最大限努力しなければなりません。それが人間としての責任です。しかしできないこともたくさんあります。だから自分の限界を知って不可能なことは神にゆだねればよいのです。神は落胆の力をねじ伏せ、私たちのために、救いと希望の世界へのエクソダス・脱出の道を開いてくださるのです。

救いの真相報道

私たちの人生は結局のところ、徒労や無駄に終わるのではないかと切実に思われることがあります。旧約聖書のコヘレトの言葉は私たちの人生を鋭く洞察して、一章二節で「なんという空しさ　なんという空しさ、すべては空しい」と語っています。時には成功と勝利の美酒に酔うことはあったとしても、結局のところ人生は虚無ではないかと見つめているのです。私たちの人生は徒労の連続ではないでしょうか。

日本にも賽ノ河原の話があります。親に先だった子どもたちが、親不孝の報いで労苦するというもので、供養のために石を積んで塔を完成させようとしますが、鬼が来て塔を破壊してしまうのです。このことから、賽ノ河原という言葉は報われない努力や徒労をも意味しているようです。

かつて内村鑑三は、晩年のある時「このごろ心の暗くなることは、一生を顧みて、自分は何をしてきたのか、果たしてこれでよかったのかと考える時である」と言ったそうです。ましてや私たちは自分の人生は空しく、無駄、徒労、無意味でなかったかと思われても当然でしょう。ある人が被爆した時、目の前で人々が倒れていくのを見て、自分も死ぬのだと思った瞬間、自分の心を占領したのが何であったのか語っています。それは、必ずしも死の恐怖ではなく、私の人生はこれと言いうるものがないことに気づいて慄然《りつぜん》としたというのです。人生の実を結ぶことなしに終わることの悲しみが示されています。

ところがコリントの信徒への手紙Ｉ一五章五八節で、パウロは、

主に結ばれているならば自分たちの苦労が決して無駄にならないことを、あなたがたは知っているはず

です。

と語っています。「主に結ばれて」という言葉が大切です。直訳すれば「主にあって」で、主イエスの救いと愛の支配と恵みの中にあることを意味しています。私という存在のすべてが主の愛に包まれているのです。だからいかなる人生も無駄ではなく、豊かなものとされるというのです。

ある人が「いつか神の前で、歴史の真相が明らかになった時、歴史を動かした者は、実は祈っている人たちであったということが明らかになる日が必ずくる」と言いました。この世の歴史や時代や社会を動かしているのは一部の支配者や権力者などであるかのように思われます。だから祈りなんか無力で、いくら祈っても徒労や無駄ではないかと思われます。祈っても何の役にも立たない、と。祈れなくなり祈らなくなるのです。しかしやがて歴史の本当の姿、全貌、真相や真実が神の前に明らかになる時が必ずくるというのが、聖書の信仰であり、私たちの希望です。その時、歴史を動かしていたのは、実は祈っていた人たちであった、むしろ祈りを聞いてくださる神ご自身であったということでしょう。十字架のイエスを死者の中から復活させられた神こそが、歴史を深いところで動かし、救いの完成へと導いておられたのだということが、明らかになる時がくるのです。

主イエスを十字架に引き渡した弟子のユダに対して、主は「生まれなかった方が、その者のためによかった」と言われました。これほど恐ろしい言葉はありません。しかし神はそのユダの罪をも用い、神ご自身がイエスを十字架へと引き渡すという仕方で、いかなる罪をも赦して救いを成就し、マイナスをプラスへと変えてくださったのです。だからユダの悲劇は裏切りの中にではなく、裏切りさえも用いて救ってくださる広く高く深い神の愛、その真相を知らなかったことの中にあるのです。真相を知ることが大切なのです。

尊厳の回復のために

中学校で起きたいじめによる自殺の問題で、ある新聞に、幼稚園から中学までいじめられた高校生の文章が載せられていました。ある時、死のうとしたが、結局死ぬことができず、後で冷静になって「死ななくてよかった」と思いつつも、同時に「苦しみは続くんだ」と落ち込んだといいます。一年前かつて自分をいじめた相手に「なぜ僕をいじめたの?」と尋ねると、答えは「僕、いじめてないじゃん」でした。この温度差は何なんだろう、と。いじめは人間の尊厳を否定するという恐ろしい罪です。足を踏んだ者は痛くないが、踏まれた者は痛いのです。無意識のうちに私たちは差別したり、傷つけたりしていないか、反省すべきです。

さてマルコによる福音書一章一六—二〇節に、イエスがガリラヤ湖のほとりで、

(漁師たちが)湖で網を打っているのを御覧になった。

とあります。「湖」というのは「うみ」という言葉です。旧約聖書以来「うみ」も神の支配の中にありながらも、怪獣のすみかと考えられており、聖書の人々は「うみ」に対して恐怖を抱いてきました。「うみ」は人間を脅かし、虚無的悪魔的なものが支配する世界でした。漁師たちはこのような「うみ」で生活し、生活の糧を得るほかありませんでした。私たちもやはりこの世の「うみ」に生きています。いくら働いてもむなしく、徒労に終わるように思われることもあります。

韓国ドラマの「龍の涙」は十四世紀の終わり、クーデターを起こして王座に就いたイ・ソンゲ将軍が、都を今のソウルに移したという激動の物語です。権力の座に着いたものの、後継者をだれにするかで確執や混

乱が起こるのです。このようなさまざまな混乱の中で、王妃はやがて病を得、王と王妃はしばしばしみじみと「人生というのはむなしいものだ」と語るのです。本当にそのとおりです。絶対的権力を得、人生に最も成功した人の言葉です。ましてや貧しい漁師たちは虚無的悪魔的な世界の中で、来る日も来る日も漁をしながら、「むなしいものだ」と思っていたことでしょう。

しかしそのような人たちを見つめるまなざしがありました。「イエスは……御覧になった」とあります。かつて重大犯罪を起こした少年が「今までに自分の名で人から呼ばれたこともない。今までもそしてこれからも透明人間でありつづけるボクをせめてあなた達の空想の中でだけでも、実在の人間として認めていただきたい」という声明文を出したことがあります。もしだれからも見つめられず、だれも注目してくれないような無関心の中にいるなら、生きる意味も希望も失ってしまいます。しかし透明人間のような、存在感のない私たち一人ひとりを、イエスは存在の深いところから見つめ、スポットライトをあててくださるのです。

それだけではなくイエスは、

わたしについて来なさい。人間をとる漁師にしよう。

と言って新しい使命を与えられるのです。それは神の国（支配）という救いと命の網の中に獲得するということです。神は人間を神にかたどって、神の似像として創造されました（創世記一・二七）。しかし現実は人間が虫けらのように扱われています。そこでイエスは人間の尊厳を回復するためにこの世に来られたのです。だからイエスに従う者はイエスが回復された人間の尊厳を明確にされ、虚無の中にある人々に生きる意味を告げて、人々を神の救いの網の中に導くという重大な務めが与えられているのです。そのことによって本来の神の尊厳が回復されて明らかにされ、神に栄光が帰せられるのです。

天がどよめく時

クリスマスはイエス・キリストの誕生日です。クリスマスにはキリスト礼拝という意味がありますが、町にはイルミネーションが輝き、クリスマスソングが流れ、楽しい雰囲気が溢れます。とくにサンタクロースのプレゼントは、子どもたちにとって夢のある嬉しいことです。

ところが聖書において、クリスマスはたいへん恐ろしい出来事から始まっています。ルカによる福音書二章一—七節に、イエス誕生の物語がありますが、ローマの皇帝から住民登録の勅令が出されたのです。それは徴税のためでした。このためにヨセフも故郷に帰らなければならず、身重のマリアと一緒に長い旅をしたのです。御子イエスもこの世の支配の下に生まれ、厳しい束縛の中に存在することになられたのです。かくしてヨセフたちが故郷のベツレヘムに滞在している間のこと、

マリアは……初めての子を産み、布にくるんで飼い葉桶に寝かせた。宿屋には彼らの泊まる場所がなかったからである。

とあります（六—七節）。「布にくるんで」とは私たちと同じ人間として生まれたことを意味しています。ここには神が私たちと共におられるというメッセージが響いているのです。

イエスは人知れず、ひっそりと誕生しました。しかし天には大きな喜びがあったのです。ミルトンの『失楽園』の中で、人間がみずから神になろうとして神の尊厳を傷つけた時、御子は自分が人間の贖いになろうとされるという場面があります。これを神は大いに喜び、天使の群れは一大歓声をあげ、「そのどよめきに

は、……朗々たるものがあり、その響きは、清らかな声にふさわしく、美しい調和にみちていた」とあります。イエスは世界の片隅で生まれ、泊まる場所もなく、貧しい飼い葉桶の中に寝かされたのです。静かな誕生です。しかし天では大きなどよめきがあったのです。そして飼い葉桶は天と地との唯一の通路となり、イエスにおいて天と地が直結し、神が共にいてくださることになったのです。

トゥルナイゼンは「み子がそこにおられるのです！　実際にみ子が生まれたのです。人間の女が、そのみ子にいのちを贈ったのです。私どもの間にあるいのちです。み子は、まさに単なる思想ではありません。観念ではありません。み子ご自身がここにおられるのです。救い主がおられるのです。み子がそこにおられます。私どもは、そのみ子を覗《のぞ》き見ることが許されます。み子にすがることができます」と語っています。私たちはだれも孤独ではないのです。神は私たちと共に苦しんでおられるのです。

水野源三さんの「ひとりではない」という詩です。

一、世の務めをはなれ病にふすときも／一人ではない　一人ではない
　死んでよみがえられたイエスキリストが／見守りたもう　その目で見つめよ
二、親しき友が皆別れて行くときも／一人ではない　一人ではない
　死んでよみがえられたイエスキリストが／話しかけたもう　その耳で聞けよ
三、頼りなき自分に失望するときも／一人ではない　一人ではない
　死んでよみがえられたイエスキリストが／励ましたもう　その口でたたえよ

主イエスの十字架と復活により、喜びでどよめく天への命の通路が開かれたのです。だからどのような状況にあっても、「一人ではない　一人ではない」と喜び歌うことができるのです。

Ⅲ　大いなる贈りもの

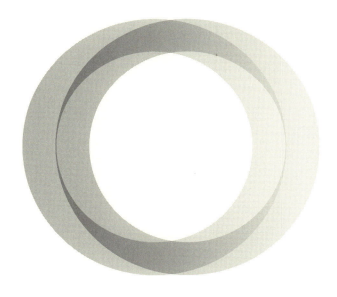

喜びの情報

私たちのもとには日々さまざまな情報が洪水のようにもたらされています。それでいったい何が事実や真実で、何を信じ何に耳を傾ければよいのか、わからなくなってしまいます。

聖書も私たちがこの世で生きるための一つの情報、むしろ私たちキリスト教会にとっては、もっとも重要な情報です。この中には命の情報が圧縮され、詰めこまれているのです。それは主イエスを信じた人たちをとおして発信される神の救いの情報、よき知らせです。エフェソの信徒への手紙一章一三節に、

キリストにおいて、あなたたちも真理の言葉、あなたたちの救いの福音を聞き、そして信じて、約束の聖霊で証印を押されたのです。（直訳）

とあります。「福音」という言葉は「ユーアンゲリオン」で、良い知らせ、喜ばしい音信という意味です。私たちは親しい人と音信不通になることがあります。家族や友人や知人と連絡がとれないと心配になりますが、ここでは神との関係が問題になっているのです。神はどこで何をしておられ、何を考えておられるのかわからないということ、神との音信不通こそ本当は最も大きな心配ごとのはずです。

ところが神ご自身のほうから、独り子キリストをこの世に遣わし、よき知らせをもたらしてくださったのです。神は恵み深く、愛に満ちた方であり、このような恵みと愛を私たちの上にも溢れさせてくださったのです。その証拠としてキリストは十字架にかかり、全人類の罪を贖い、平和をもたらしてくださいました。これこそ喜びの音信、よき知らせ、まさしく福音そのものなのです。

ところが驚くべきことに、この手紙の著者は「囚人」であったと書かれています（エフェソ三・一、四・一）。キリストのために投獄され、死刑を覚悟していたことでしょう。すでにこの世の望みは絶たれていたのです。どうせその内に死ぬのだから、何をしても意味がないと思い、どうにでもなれと自暴自棄になり、何もする気がなくなっていたとしても仕方ありません。しかしこのような絶望的状況の中で、著者は人々を励まし、力づけ、生きる勇気と希望を与えるすばらしい手紙をしたためたのです。この手紙の中には、永遠の命と希望の言葉、真理と救いの言葉が散りばめられています。福音のすばらしさが響きわたっているのです。

私たちは実際の囚人ではありませんが、この世の中でさまざまな問題があり、人間関係のしがらみや仕事のノルマがあり、むしろ自我と罪に束縛され、死の運命にがんじがらめに縛りつけられています。「人といふ人のこころに／一人づつ囚人がゐて／うめくかなしさ」という石川啄木の歌を思い出します。私たちも罪と死の牢獄の中に縛られているのです。

しかしそれが最後の現実ではないのです。むしろ神の恵みの中に存在しているのです。このことをただ信じる時、永遠の救いの中にあるという確信をもつことができるのです。

桝富照子という人はかつて高倉徳太郎牧師と共に東京の信濃町教会をたて、さらに朝鮮半島の人々と共に生きた人として知られています。この人の歌の中に、

豊かなる　恵み満ちみつ　天地《あめつち》の
われ生きてありき　われ生きてありき

というのがあります。罪と死という絶望的な現実がありながらも、なお神の恵みの充満という新しい現実の中で今を生かされているという喜びの歌です。福音という情報を信じる時、喜びと希望にあずかるのです。

奇蹟を信じる人生

人生には味方もいれば敵もいます。「家を一歩出れば、七人の敵がいる」と言われるように、人はだれでも多くの敵に囲まれているというのです。また味方であると思っていた人が手のひらを返すように敵になることもあります。

詩編九編の詩人も敵に囲まれていました。しかも敵の前で非常に無力だったのです。だから神にただ祈るほかありませんでした。しかし神はそのような無力な者の祈りを聞いてくださる方なのです。だから詩人はこの詩の冒頭から、主に感謝をささげているのです。二―五節はこの詩全体の結論ともいうべき内容となっていいます、ふつう結論は最後に出てくるものですが、敵に囲まれているような困難の中で、先取りして感謝をささげているのです。二節に、

わたしは心を尽くして主に感謝をささげ　驚くべき御業をすべて語り伝えよう。

とあります。「心を尽くして」は「心全体で」、百パーセントの心をもってということです。口先ではなく心の深いところで、心全体で感謝するというのです。さらにこれと並行して「語り伝えよう」と言っています。感謝するだけで終わらないのです。伝道するというのです。感謝から伝道が生まれるのです。

その内容は「驚くべき御業」です。この言葉は旧約聖書とくに詩編の中に何度も出てきます。ヘブライ語で「ニフラオート」という大切な言葉、キーワードです。神のなさるくすしい業、不思議なみ業です。たとえば一〇六編二二節には「ハムの地で驚くべき御業を　葦の海で驚くべき御業を」とあり、神がイスラエル

を奴隷の地エジプトから脱出させられたことを意味しているのです。それこそ「驚くべき御業」だったのです。それだけではなく、その後も神が歴史の中でなされた数々の救いの業がありました。

しかし私たちキリスト者にとって「驚くべき御業」とは主イエスの十字架と復活においてなされた神の究極の救いの御業であり、さらにペンテコステにおける聖霊の降臨という神の御業であると言うことができます。「使徒信条」では、過去、現在、未来において貫かれる神の救いの業のすべてが「驚くべき御業」として告白されています。私たちの人生は実はニフラオート、奇蹟の連続なのです。神を信じること自体が、すでに驚くべき御業、大きな奇蹟なのです。

高橋三郎著『生命の原点』の中で「奇蹟を信ずることを抜きにして、われわれの信仰はありえない。神を信ずるとは、奇蹟を信ずることを、当然内に含むのです。このサタンの勢力の荒れ狂っている世界が、安穏無事な平和境になる時代は、決して来ないでしょう。そういう意味において、政治的局面においてのみ正義と平和の問題を考える人は、結局空想的な自己欺瞞に安んずるか、そうでなければ、絶対的な自暴自棄に陥るほかはありません。しかし信仰者にとっては、たとえ世はいかに荒れ狂おうとも、神の御翼の陰にかけ込んでいる者は絶対に安全だ、という神の守りがある。そこを出発点として、雄々しくこの世の戦いに討って出ることができるのです。……そもそも信じるということ自体が、奇蹟である。神が生きて働いておられるということ、そしてこの私の罪が赦され、永遠の生命が与えられているということ自体が、奇蹟である。そうだとすれば、信仰者の全生涯が、奇蹟以外のものでありようはずがない」と述べられています。

この方はもともと科学を学び、その後、西洋古典学を学ばれたそうです。出発点に科学があったのです。信仰は科学と対立せず、むしろ超えるものでしょう。奇蹟を信じることをぬきに信仰はないのです。

主イエスの証人

日々どこかで犯罪が起こり、裁判が行われます。検察と弁護人がそれぞれ主張を述べ、裁判所が判決を下します。その際に大切なのは証拠であり、また証人です。

ヨハネによる福音書一章一―一八節は「ロゴス賛歌」と言われるヨハネ福音書の美しい序論です。ここには繰り返して「言《ことば》（ロゴス）」という言葉が出てきます。この大切な箇所の中、六―八節にはわざわざバプテスマのヨハネのことが出てくるのです。八節には、

彼は光ではなく、光について証しをするために来た。

とあります。「光」とは「わたしは世の光である」（ヨハネ八・一二）と言われる主イエスのことです。「証しをする」という言葉は元来は法律や裁判の用語で、見たり聞いたり経験したことをありのままに証言することです。証人の証言ひとつで有罪にもなれば無罪にもなります。証人にはそれほど重大な責任があります。神はそのような証人を必要としてくださるのです。「ロゴス賛歌」の中で、ヨハネは不可欠な存在、証し人として挟まれて出てくるのです。ちなみに「ヨハネ」という名には「主は恵み深い」という意味があります。ヨハネは主の恵みの証人、光なる主の証し人なのです。

大里喜三《よしみ》牧師は私の同窓の先輩牧師で、この方のことは先輩方から間接的にお聞きしてきました。先生は医科大学在学中、キリストに出会って牧師になり、開拓伝道によって香里教会を形成されました。しかし脳出血のため四十七歳で召天されたのです。まもなく『み衣のふさ――大里牧師説教と追憶』が出され、その

中に樋口恭子という方の「神様、大里先生がいません」という文章があります。以下の文章は後半部分です。

私が、全能の主はわかるのだけれど　イエス・キリストはわからない――といったら／〝クリスチャンはキリストに凡てを賭けたギャンブラーだ〟とおっしゃった／私が病いの不安を　死の不安を訴えた時／〝何事も摂理の中の出来事ばかり　大した事ではないですよ〟／おごる心を謙遜に／不安の夜を平安に／冷えた魂を　あたゝめる／神様　大里先生って一体　何者だったのですか／パウロの様に熱くて／イエスさまの様に優しい／神様　どうして　こんなに　強くて優しい人を造られたのですか／神様　どうして私の前に／こんなに大きく／大里先生をクローズアップさせるのですか／神様　日がたつにつれ　私にもだんだんわかって来たのです／大里先生は言われました／〝私はとても汚れている　私を見てはいけない　私の指さす方を見るのです〟／大里先生の指さす方――／見えます!!　十字架が、キリストが、／神様　大里先生は　とても素晴らしいあかし人だったのですね／大里先生はだんだん遠去かって小さくなる／〝私を見てはいけない、指さす方を――〟と言いながら／そして　そのあとに／十字架のキリストが／はっきりと見えるのです

ヨハネは「あの方は栄え、わたしは衰えねばならない」（ヨハネ三・三〇）と言い、イエスの単なる証人にすぎないと自覚していましたが、大里牧師も「私を見てはいけない、指さす方を」と言われ、「指」に徹しようとされたのです。しかしヨハネは不可欠な主の証人として後世に名を残すことになりましたし、大里牧師も「素晴らしいあかし人」に徹しられた方として、いつまでも記憶し、その生き様に倣うべき牧師であると思っています。このように私たちも主イエスの証人として生きることの中に、私たちの本望、人間としての本来の姿があり、一度限りこの世に生を受けた者の生きる意味、その喜びと幸いがあるのです。

完全犯罪の不成立

だれも見ていないし証拠もなく、罪に問われることもない。完全犯罪です。これは他人事ではなく私たちも自分の罪に気づかず、平然と生きているのです。ある人はこれを「無自覚的完全犯罪者」と言いました。ところがローマの信徒への手紙一四章一〇節に、

なぜあなたは、自分の兄弟を裁くのですか。また、なぜ兄弟を侮るのですか。わたしたちは皆、神の裁きの座の前に立つのです。

とあります。たといこの世で裁判所に告発されることがなくても、「すべてのものは光にさらされて、明らかにされます」（エフェソ五・一三）。日常的に家族や友人や隣人などすべての人に対して、私たちがどのように関わっているかが鋭く問われ、神の裁きの座の前に立たなければならないというのです。

シェークスピア作『ハムレット』の主人公ハムレットの父は、デンマーク王でしたが、叔父によって巧妙な仕方で毒殺されます。しかし父の亡霊がハムレットに現れて真相を告げるのです。彼は復讐を誓い、狂気を装って新しく王となった叔父を追い詰めていきます。やがて叔父は「邪悪な手段で獲《か》ち得た宝が法を買収することなど、別に珍しくもない。が、天ではそうはゆかぬ。ごまかしは効かぬ。犯したことは天日《てんじつ》のもとに曝《さら》され。あるがままに裁かれ、否応なしにおのが罪に直面させられ、悪うございましたと白状しなければならぬ。では、どうしたら、どうしたらよいのだ？」と苦悩に満ちた独白をするに至るのです。

このようにここでは亡霊が現れて罪を告発しますが、聖書にも訴える者・サタンが人間の罪を神の前で明

らかにする役割をもって登場します。いずれにしても私たちは神の裁きの座の前に立つことになるというのです。なぜなら人間は生きることとの責任を問われるほどに重い存在であり、むしろ問われるほどに神から愛されているからなのです。究極的に神の裁きの座の前に立つということは、神が小さな私たちに重大な関心をもち、私の一度限りの人生が、いい加減であってはならないと考えてくださるからなのです。

だから私たちはみな神の裁きの座の前に立つことになるのです。ある人がナチスの時代、悪い検事に告発されて被告席に立ったことがあるが、それも神の裁きの座の前に立つことと比べるなら、小さなことだと言いました。神の法廷ではだれも耐えることができず、断罪されるほかなく、「どうしたらよいのだ」と叫ぶほかないのです。神の前に完全犯罪は成り立たないのです。

しかし神の傍らにはキリストがおられるのです。だから「キリストの裁きの座の前に」（コリントⅡ五・一〇）とも言われているのです。中世において最後の審判は恐怖の対象だったようです。しかし宗教改革者カルヴァンは、当時の人たちにとっては意外にも、最後の審判は非常な慰めであると語りました。なぜなら私たちを裁く方は愛の神であり、その傍らには私たちの代わりに裁きを受けてくださったキリストがいて弁護してくださるからです。

『讃美歌21』四七四番の四節に、

終わりの知らせの　ラッパの音《ね》聞く時、／主の義をまといて　みまえにわれ立たん。

とあります。みな神の裁きの座の前に立たねばなりません。しかし罪深い者が義の衣を着せていただくのです。それならば、したい放題をすればよいということになります。そうではなく憐れみによって義とされるという希望こそ、今ここで真実と愛に生きる基準となり、新しく生きる人生の土台となるのです。

命を与えるために

人間にとって何よりも大切なことは自由です。反対に束縛・拘束、制限・規制ほど、つらく苦しいことはありません。なぜなら私たち人間は神から自由な存在として創造されているからです。しかし日々の現実の生活には、さまざまな制限や抑圧があり、束縛や拘束があります。だから私たちはこのような生活から抜け出し、脱出したいといつも願っているのではないでしょうか。

映画「大脱走」はドラマティックでしたが、人類最大の大脱走といえば、神の導きによって奴隷の地エジプトから脱出したイスラエルの出エジプトでしょう。だから彼らはいつまでも神の恵みを忘れず、毎年正月の十五日に過越祭、さらにその日から一週間、除酵祭を守ってきたのです。イエスも同様に過越祭の食事を弟子たちと共にされました。

ルカ福音書二二章一四—二三節で、イエスは弟子たちとの食事の際、まずパンを裂いて与え、

これは、あなたがたのために与えられるわたしの体である。わたしの記念としてこのように行いなさい。

と言われました。「わたしの記念として」とあるように、出エジプトの記念の食事にとどまらず、ダ・ビンチの絵画でも有名なイエスの最後の晩餐として、記念の意味が決定的に変わり、「わたし（イエス）の記念として」という新しい意味をもつことになったのです。「記念」は想起における現在であり、想起するそのところに救い主イエスが現在されることなのです。

次にイエスは杯も同じようにして、

この杯は、あなたがたのために流される、わたしの血による新しい契約である。

と言われました。血は命の象徴であり、救いの働きを意味しています。

この最後の主の晩餐が原型となって、二千年の間、教会が命がけで大切にしてきたのがミサであり、聖餐式です。そこに命と自由と救いがあり、教会の交わりがあるのです。エゴイズムとニヒリズムからの自由、罪と死からの解放があるのです。

原崎百子著『わが涙よ わが歌となれ』は、がんの告知を受けて、召天されるまでの約四十日間に書かれた日記や手記ですが、子どもたちに対して「あなたがたは信ずるだろうか。この母が、あなたたちをこよなく愛していることを。一人一人を、どの一人もかけがえのないものとして、こんなにも切ない思いで愛していることを」と記され、さらに「お母さんを／お母さん自身を／あなたがたにあげます」と書かれています。

また第二次大戦中コルベ神父はアウシュヴィッツに収容されましたが、ある時、脱走者が出たため、代わりに十人が餓死刑に処せられることになりました。その十人のひとりとされたある軍曹が「私には妻も子もいる」と叫んだのです。そこでコルベ神父は「私が身代わりになります。カトリックの司祭で、妻も子もいませんから」と言いました。こうしてコルベ神父たち十人は地下牢の餓死室に入れられました。しかし祈りと讃美歌の歌声によって、そこはまるで聖堂のようであったといいます。そのお陰で軍曹は救われたのです。

主イエスは十字架において、ご自分の体と血すなわち自分自身を差し出し、「私が身代わりとなります」と言って、自分の命を与えられました。主イエスはすべての人に対して、どの一人もかけがえの存在として、「こんなにも切ない思いで愛している」と語り、また「私を／私自身を／あなたがたにあげます」と言って、十字架にかかり、命と自由を与えてくださるのです。

合わせる顔がある

「合わせる顔がない」という言葉があります。ご無沙汰や不義理をしたり、迷惑をかけたり反感を買ったりした人に対して、申し訳なくて会えないということです。私は両親の晩年にあまり会えず、寂しい思いをさせてしまったとの悔いが残っています。あるいはさまざまにお世話や支援をしてくださった方たちに対して、十分な恩返しができないままであったり、牧師としても会員一人ひとりに十分なケアができず、申し訳なく思うことがしばしばです。そのように合わせる顔がない人がいます。

ところがコリントの信徒への手紙Ｉ一三章一二節にはこうあります。

わたしたちは、今は、鏡におぼろに映ったものを見ている。だがそのときには、顔と顔とを合わせて見ることになる。わたしは、今は一部しか知らなくとも、そのときには、はっきり知られているようにはっきり知ることになる。

「顔」は人格の象徴で、「顔と顔とを合わせる」ことは人格的に出会うことです。私たちは人生の途上で多くの人と出会い、さらに主イエスに出会うことによって神を知ることができるようになりました。ただ「今は神を知っている。いや、むしろ神から知られている」（ガラテヤ四・九）というのが現実で、私たちが神を知ったと言っても、当時の鉄製の鏡に「おぼろに映ったものを見ている」にすぎません。極めて断片的部分的にすぎず、何もわかっていないのです。

しかしやがて主イエスと私が「顔と顔とを合わせて見る」時、出会いのジャストミートの時がくるのです。

その時、これまで主の戒めを行わず、主に逆らってばかりいた私たちは、どのような顔をして会えばよいのでしょうか。さらに私たちは天国で愛する人たちと再会すると信じていますが、どんな顔をして会えばいいのかと戸惑い心配するのではないでしょうか。

S・G・ストックの「天に一人を増しぬ」という有名な詩は、葬儀の時にしばしば読まれます。「家には一人を減じたり　楽しき団欒《まどい》は破れたり／愛する顔平常《いつも》の席に見えぬぞ悲しき／さばれ天に一人を増しぬ／清められ救はれ全うせられしもの一人を」。私たちの功績によるのではありません。ただ主イエスの赦しと贖いによって救われ、清められ、完全にされた人として再会する望みがあるのです。

トゥルニエ著『老いの意味』の中で、ある人の言葉が紹介されています。「わたしは救い主イエスを固く信仰していたひとりの老婦人のことを思い出します。脳溢血で倒れ、もう見込みがないと知った彼女がほとんど最後にいったことばは『ああとうとう……もうじき分かるのね』だったのです。彼女が希望どおり、復活祭の朝なくなったのを眼にした人びとはみんな、自分たちもまた、分かることを待ち望んでいます」。またトゥルニエ博士も同じような経験を語っています。古い患者のひとりで、家にこもりきりの老婦人と会い、彼女は「わたしはまだまだ生きるつもりです。しかしまた、死ぬ覚悟もできています。……つまり、もうじき分かるのですね」と言い、翌日《わたしにとっては、天国が見え、多分イエス様が神のおめぐみについてお話しになるのを聞けると思うとほんとうに心あたたまるのです》と手紙を書いてきたというのです。

私たちは今は何もわからず、「一寸先は闇」であり、明日はどうなるのかと不安です。しかし「はっきり知ることになる」と約束されているのです。ただ主の慈しみと愛により「合わせる顔がある」のです。やがて主イエスと多くの愛する方に出会う望みにより、私たちも「ほんとうに心あたたまるのです」。

神の杖を携えて

今日、多くの人にとって携帯電話は必携品となりました。なかった時には不便も感じませんでしたが、使うようになると、なければ不便で不安でもあります。しかし本当はこれがなくても生きていけるはずです。

出エジプト記四章二〇節に、

モーセは、妻子をろばに乗せ、手には神の杖を携えて、エジプトの国を指して帰って行った。

とあります。イスラエルの民がエジプトで奴隷状態にあった頃、モーセはエジプトの王女に育てられることになりました。やがて彼が成長した時、同胞のイスラエル人がエジプト人から打たれているのを見て、思わずエジプト人を殺してしまったのです。そこで彼はミディアンの地に逃亡し、そこで結婚し、子どもも与えられ、羊飼いとして無難な日々を過ごしていたのです。ところが神はエジプトで奴隷として苦しんでいるイスラエルの民を自由の地へと導き出すよう、モーセに命じられたのです。彼は何度も拒みますが、ついに説得されて、羊飼いとして持っていた「杖」を携えて出発します。これまで持っていた杖を携えるのです。それはこれまでのあなたでよいということを意味しているのでしょう。

しかしそれが「神の杖」と呼ばれています。杖は羊飼いが羊の群れを導き、また猛獣から守るための武器としていつも持っていたものです。モーセは多くの大きな困難が待ち受けているエジプトに帰ります。しかし杖を携えるのです。ただの杖にすぎませんが、「わたしは必ずあなたと共にいる」（出エジプト記三・一二）と神が約束された信仰の杖です。いつも羊飼いなる神が私と共にいてくださるという信仰の杖なのです。

主イエスは弟子たちを遣わすにあたり、「旅には杖一本のほか何も持たず」と命じられました（マルコ六・八）。弟子たちは杖以外のものは携えることが許されませんでした。杖は全能の神が共にいてくださることを意味しています。だから杖一本あれば大丈夫なのです。主イエスはこの時モーセの杖を思い出し、詩編二三編を口ずさんでおられたかもしれません。「主は羊飼い、……あなたがわたしと共にいてくださる。……あなたの杖　それがわたしを力づける」。ところが主は十字架の死と復活の後、もはや地上にはおられなくなりました。教会にとってますます厳しい時代が続き、さまざまな困難もありました。しかし信仰という神の杖があり、よき羊飼いである主イエスが共にいてくださることを経験したのです。自分の力や思いや持ち物に頼って安心するのでなく、信仰と希望の杖を携えることこそ生きる力と勇気となるのです。

J・S・バッハは多くの「教会カンタータ（独唱・合唱などからなる交声曲）」を作曲しましたが、とくに詩編二三編によるものは（BWV［バッハ作品目録］112）、心躍るような高らかさと慰めに満ちています。バッハにとってまさに「主は羊飼い」でした。華やかに見えるバッハの生涯も、最初の妻や愛する子どもを次々に失い、また追放されたこともあり、多くの不遇や困難がありました。しかし「主は羊飼い」という信仰に生き、神の杖を携えて、ただ神の栄光のために多くの音楽を生み出したのです。

モーセは最初「自分なんか駄目です」と言って、しり込みしていましたが、神から使命を与えられ、神の杖を携えて出発しました。事実いろいろな困難に遭遇することになりますが、杖が大きな支えとなって、やがてエジプトから人々を導き出すという偉大な使命を果たすのです。

私たちにも神の杖、信仰の杖が与えられています。「信仰こそ旅路を　みちびく杖」（『讃美歌21』四五八番）です。厳しい人生の旅路、死の陰の谷を歩む時にも、神の杖を携えて歩むことができるのです。

天からの恵みの襲来

私たちには生まれ育った懐かしい故郷があります。石川啄木は「ふるさとの山に向ひて／言ふことなし／ふるさとの山はありがたきかな」、また室生犀星は「ふるさとは遠きにありて思ふもの／そして悲しくうたふもの」と歌いました。故郷を離れると、より故郷を親しく感じ、懐かしく思うものです。

創世記二八章一〇―二二節には、ヤコブが故郷を離れて旅の途上にある物語があります。父をだまし兄を裏切って長子の権を奪ったため、兄の憎しみを買い、殺意を感じて逃避行に出たのです。ある場所に来た時、日が沈んだので、そこで一夜を過ごすことにしました。故郷を離れ、荒涼たる世界にひとりたたずんでいると、暗闇が襲い、ホームシックにかかり、孤独と寂しさを覚えたのです。

ところがいつの間にか眠ってしまったヤコブは、夢を見ます。それは天と地が階段でつながり、神の御使いたちがそれを上り下りしている夢でした。ところがさらに一三―一六節には、

見よ、主が傍らに立って言われた。「……見よ、わたしはあなたと共にいる。……」ヤコブは眠りから覚めて言った。「まことに主がこの場所におられるのに、わたしは知らなかった。」

とあります。「この場所」とはヤコブが横たわっていた孤独と暗闇の場所です。ユートピア・理想郷とは、場所をもたない観念や空想の世界です。これに対して彼は孤独と暗闇の場所にいました。しかしこの荒涼たる孤独と暗闇のこの場所こそが天と直結し、この場所で主なる神が傍らに立って、「わたしはあなたと共にいる」と言ってくださるのです。

三浦綾子著『孤独のとなり』では、「孤独のとなりに神がいる」ということが強調されています。ご自身もかつては病気と孤独に苦しまれましたが、神に出会い、「この場所におられるのに、知らなかった」という経験をされたのです。

またW・リュティは「人間の夢は下から上へと向かいます。けれども、ここでの夢はまさしく神の夢です。神がそこに現臨しておられます。それゆえに、ここでは上から下に至るのです。天に向かって天を襲うというのではなく、地への襲来です」と語っています。襲来とは激しい言葉です。それほどに神の恵みは激しいのです。敵軍襲来とか台風の襲来などは、人を破滅に至らせる不幸の襲来ですが、今やヤコブは神が共にいますという恵みと命の襲来を受けるのです。

このような経験は新しい旅路への力、さらに新しい祈りを生じるのです。

これは十六世紀の英国でよく語られた言葉です。

神がいまし給いますように／頭の中に神がいまし給いますように
目の中に神がいまし給いますように／瞳の中に神がいまし給いますように
口の中に神がいまし給いますように／言葉の中に神がいまし給いますように
心の中に神がいまし給いますように／終りの日に神がいまし給いますように
旅立ちの日に神がいまし給いますように

私たちの人生には悲哀や苦悩や災難や病気などが襲い、たとい平凡に過ごすことができても、最後には死という決定的な破滅が襲来してきます。しかし私たちには祈りがあります。この祈りをとおして十字架による救いと恵みの襲来が起こり、復活による永遠の命の襲来があるのです。

挫折からの出発

そのことを思い出すと本当に恥ずかしく、居ても立ってもいられないということが、一つや二つはあるのではないでしょうか。いつまでたっても忘れられず、それを思い出すと心が痛む、そのような罪や過ち、あるいはつらい不幸な経験があるものです。

ヨハネによる福音書二一章一五―一九節に、復活のイエスとペトロの対話の物語があります。一七節には、三度目にイエスは言われた。「ヨハネの子シモン、わたしを愛しているか。」ペトロは、イエスが三度目も、「わたしを愛しているか」と言われたので、悲しくなった。

とあります。漁師であったシモンはイエスと出会い、ケファ（岩、ギリシア語ではペトロ。ヨハネ一・四二）と呼ばれるようになり、すべてをかけてイエスに従って行きました。ペトロは自分がどんなにイエスを愛しているか、わかっておられるはずだと思っていたのですが、三度目も問いかけられたので「悲しくなった」というのです。三度とは徹底的にということですが、三度も問われたことで、ペトロはあることを思い出していたことでしょう。

かつてイエスが捕らえられ、裁判を受けていた時、ペトロは人々から三度「お前もイエスの弟子ではないか」と問われ、三度も「違う」と言って、イエスを裏切り否認したことがあったのです（ヨハネ一八・一五―二七）。これはペトロの生涯における最大の失敗であり、とりかえしのつかない罪であったのですが、今やイエスから自分の過ちをあらためて指摘され、鋭く追及されているように思い、心を痛め、悲しくなったというのでしょう。隠しておきたい心の傷跡がもう一度、鋭くえぐられるような思いをしながら、深い悲しみに打ち沈んだのです。

しかしイエスがこのように言われたのは、ペトロの罪を追及するためではなかったのです。むしろ罪の深さを示すことによって、イエスの赦しがどんなに大きなものであったかを知らせるためだったのです。ペトロがいかに罪深い人間であるかを示しつつ、しかしその大きな罪をも赦す神の愛の深さを教えられたのです。ペトロの罪と過ちの大きさが明らかにされることによって、神の憐れみがいかに深いかを明らかにされ、心の底から新しくされて、新しく立ち上がっていくことができるのです。

こうしてもう一度やりなおすチャンスが与えられ、新しい使命に生き始めるのです。あの決定的な挫折が終わりとはならず、赦しに直面して、感謝して出発することができるのです。自分はこんなにもだめな人間であることを覚えるところで、なおも神はこのような弱い者をも必要としてくださるということを知り、心を熱くすることができるのです。そこでイエスはペトロに新しい重大な任務を託すために、三度も、

わたしの羊を飼いなさい。

と言われました。これは神が造られた人間、その魂を愛する者となるようにということです。

ある牧師が挫折の経験について次のように語っておられます。大学在学中に肺結核になり、三年間も療養所に入ることを余儀なくされた。この療養、退学という経験は人生の大損害であった。しかしこの大損害がなかったら、自分は今どこに行っていたかわからず、自分の願いを追求する道を走っていたであろう。この挫折の中に神はいちばん必要な恵みを隠していてくださり、療養所から出てくると福音宣教の道があったのです、と。私たちも挫折をステップとして、魂を愛する者にされるという新しい人生が開かれていくのです。

大いなる贈りもの

神は本当に実在されるのでしょうか。近代の夜明けにニーチェは「神は死んだ」と言いました。実際に現代人は神に無関心に生きています。詩編一四編一節に、

神を知らぬ者は心に言う「神などない」と。

とあります。「神を知らぬ者」は「ナーバール」という言葉で、「愚か者」という言葉です。これは「ナーベール」という言葉に由来しています。もともとは「しぼむ、枯れる」（イザヤ書四〇・六―八、なおペトロⅠ一・二四に引用）という意味があります。愚かとは草は枯れ、花がしぼむように、むなしい終焉を迎えることです。日本語で愚かとは、知能や理解力が乏しいことが意味されていますが、ここでは一時的刹那的であるということなのです。永遠性がなく一瞬で、はかなくむなしいことなのです。命が枯渇することです。愚かとは一時的には生き生きとして栄えていても、長続きせずに、その内に枯れ、滅びることです。そのように永遠を信じない「愚か者」は、「神などない」と言うのです。口先で言うというよりも、心の中で神を否定するのです。それが愚か者なのです。

ところが旧約聖書において「神はない」という愚か者が現れてきたのは、後代のことであると言われています。だからこの詩は比較的新しいものではないかと考えられているのです。本来、旧約聖書の信仰は、神がおられるということが大前提でした。人間が存在するということは、人間を創造された神が存在するということです。私たち弱く無力な人間が神があると考えるか、それとも神がおられるから人間がいるのだと考

えるか、大きく分かれるのです。一般には人間が先に存在して、神がいると考えるから、神が存在するのだと考えられています。しかし聖書の信仰は神の存在がまず先なのです。神は永遠なる方なのです。

ケーラーという旧約学者が「神ありということ、この命題は旧約聖書が人類にもたらした大いなる贈り物である」と言いました。素晴らしい言葉だと思います。神が存在し生きておられるということは、自然のこと、当たり前と考えてはいけないのです。自明のことではないのです。天と地の創造者であり、歴史の導き手である全能の神が存在するということは、旧約聖書によって示された大きなプレゼントなのです。私たちはいろいろなプレゼントをいただきます。いや私はプレゼントなどされたことがないと思う方もいるでしょう。しかし神が存在されるということほど、大きなプレゼントはないというのです。

それでは神が存在されるということは、どこで知ることができるのでしょう。五節にはこうあります。

神は従う人々の群れにいます。

後に主イエスに出会って従った人たちが集まって、礼拝と伝道に励むようになり、教会が生まれました。この主イエスの群れの中に神はおられるのです。旧約学者の関根正雄氏は「真に貧しくなり、神なき愚かな者のために殺された、唯一人の義しき人はイエス・キリストのみだ、といわなければならない。また彼のみ真に貧しく義しくいましたからこそ、神が全き意味で彼とともにいましたことを知るのである。……それ故愚かにして神を知らないわれわれも十字架の刑死をとげた独子においてはじめて神の前に恐れ、神の前に恥じ、そのことを通じ悔い改めて神に帰ることが出来るのである」と述べておられます。主イエスは「二人またはニ人がわたしの名によって集まるところには、わたしもその中にいる」（マタイ一八・二〇）と言われました。主イエスを信じる小さな群れの中に神が共にいますことを確信しましょう。

恵みの刻印

私たちはこの世に生まれて、いろいろなことを経験していく中で、さまざまなことが心の中に刻みこまれていきます。インプリントされるのです。とくに幼少年期から青年時代のやわらかく純粋な心のうちに、何がインプリントされるかは人生を決定することにもなります。

かつて読んだ中川志郎著『親である条件――動物からのメッセージ』という本は、今も私の心の中に深くインプリントされています。著者はかつて多摩動物公園飼育課長（後に上野動物園園長）でしたが、動物たちと触れ合う中で、動物の親子とくに母と子の絆の深さに驚きを覚え、そこから人間の親子のつながりの大切さを解明しようとしたのです。動物の四億年という長い歴史の中で、最初の魚類には親子の絆はほとんどなく、両棲類から爬虫類、さらに鳥類へと進んでいく中で、ついに哺乳類に至って飛躍的に強くなるそうです。母乳を飲むことで親子の絆は強くなっていくのです。人間の赤ちゃんは生まれて一年間は親の支えなしには生きえない。なぜなら運動能力を備えるために本当は胎内に二十一か月いる必要があるにもかかわらず、人間の頭が大きいため、約十か月で出なければならないからです。だから生後一年間は、胎内にいる時と同じようにあたたかい保護のもとで育てられる必要があります。こうして自分を守ってくれるあたたかい存在があるということを心に刷り込まれ、インプリントされることで、基本的な信頼が生まれてくるというのです。

しかし現実はなかなか理想どおりにはいかず、私たちはしばしば不純なことが心に刻印され、屈折した人間として成長し、この世の厳しさの中で不信や疑惑をもちながら生きることになります。それではもう手遅れなのでしょうか。そうではありません。

マタイによる福音書二六章二六―三〇節に、「主の晩餐」の物語があります。イエスが弟子と最後の食事をしている時のことです。まず二六節で、イエスはまずパンを与えながら、

「取って食べなさい。これはわたしの体である。」

と言われました。続いて二七―二八節で、弟子たちに杯を渡しながら、

「皆、この杯から飲みなさい。これは、罪が赦されるように、多くの人のために流されるわたしの血、契約の血である。……」

と言われました。「多くの人」とは「すべての人」を意味し、主はひとりの例外もなく、すべての人のために、十字架にかかり、肉を裂き血を流して、罪を赦してくださったのです。この最後の晩餐の主の言葉と振る舞いは、その後の弟子たちの心に深くインプリントされ、魂に刷り込まれたことでしょう。こうして次の日に、イエスは神の愛をすべての人の心に決定的にインプリントするために、ついに十字架の死を遂げてくださったのです。

イエスの死後、弟子たちは集まって、しばしばパンを裂きました（使徒二・四二、四六など）。こうしてパウロも最初の教会から受け継いだこととして、主がパンと杯を与え「わたしの記念としてこのように行いなさい」（コリントI一一・二四、二五）との言葉を大切にして主の晩餐を守り、共に十字架において示された主の愛を心に刻みこんだのです。こうして二千年の教会は聖餐式を命がけで守り、それぞれの心にインプリントされ、神の恵みと愛の中に包まれていることを経験してきたのです。今からでも遅くありません。み言葉を聞き、主の恵みにあずかり、私たちの心に神の愛をインプリント・刻印していただきましょう。

究極の関心事

私たちはいろいろなことに関心を抱いています。自分の仕事や家族、とくに子どもの健康や勉強や進路について関心があります。あるいは政治や経済や社会、さらにスポーツや芸能など、さまざまなことについて関心があります。

ところがペトロの手紙Ⅰ一章九―一〇節に、

それは、あなたがたが信仰の実りとして魂の救いを受けているからです。この救いについては、あなたがたに与えられる恵みのことをあらかじめ語った預言者たちも、探求し、注意深く調べました。

とあります。ここには「救い」という言葉が繰り返されています。この手紙の著者の大きな関心事、また預言者たちの深い関心事は「救い」であるということです。「救い」といっても、私たちの日常生活とはあまり関係のない、別世界のことのようにも思われます。

しかし「救い」と訳されている「ソーテーリア」という言葉は、当時の一般の世界においては、もともと幸福を意味する言葉でもあったのです。「救い」とは「幸福」なのです。だから私たちの深い関心事なのです。ところが新約聖書において、主イエスの十字架と復活の出来事と結合して、新しい意味むしろ深い内容をもつようになったのです。まさに「魂の救い」として、死と滅びからの救い、罪の赦し、神との和解が、主イエスの十字架と復活において成就し、実現したのです。だから「救い」とは幸福の極みなのです。幸福はすべての人にとって大きな関心事です。ましてや「幸福の極み」なのですから、私たちの関心事とならないわけがありません。

イスラエルの預言者たちは、激動の歴史の中で、人生の限界状況にあって、苦難の中にあった人たちと共に苦しみながら、本当の救いを求めていた人たちです。それだけにこの人たちが、救いについていかに深く大きな関心を抱いていたかが明らかです。

パウル・ティリッヒは「究極的関心事」ということを語りました。信仰や救いというのは、人間にとって究極的関心事であるというのです。若い人の関心事と年老いた人の関心事は違います。幸福な時に抱く関心事と不幸な時に抱く関心事は異なります。しかし人生のすべてを貫いて、深いところで抱いている魂の救いという関心事があるのです。なぜなら神は人間を創造し、生かし、守り、導いてくださる方、人間の存在の根拠だからです。

パスカルは「神を知ることなしに、さいわいがないことは確かである。神に近づくにつれて、幸福になることも、神を確実に知ることが幸福の究極だということも確かである。また、神から遠ざかるにつれて不幸になることも、先に述べたことの逆の確実さが不幸の究極であることも、確かである」と言っています。私たちは幸福を求めながらも、なかなか幸福になることができず、失望することばかりです。しかし聖書は真の幸福論、むしろ幸福の極みとして、救いの現実を示しているのです。

主なる神の究極の関心事は何でしょうか。私たち一人ひとりの人間なのです。詩編八編五節では「人の子は何ものなのでしょう　あなたが顧みてくださるとは」と歌われています。神はこの小さな私にこそ最大の関心を抱いてくださっているのです。私が神の愛と救いの対象であるというのが、幸福の極みであり、これこそキリストの福音です。だから私たちはこのような神に究極の関心を抱かないではおられないのです。

激動の中での安らぎ

私たちは平和を切に願っていますが、世界は混乱や紛争や戦争が繰り返され、なかなか平和な世界にはならず、心を痛めています。国内にも深刻な問題が続発し、不幸な事故や凶悪な事件が頻発しています。また超高齢化社会、格差社会となり、年金や介護や貧困の問題などますます難しい状況になり、孤独や不安が広がっています。また愛する者の死や病気や災難など、悲しみや苦しみで満ちています。

しかし暗い現実の中に、平和の主イエスがお生まれになられました。ルカ福音書二章六―七節に、

マリアは月が満ちて、初めての子を産み、布にくるんで飼い葉桶に寝かせた。

とあります。世界の片隅でのひっそりとした出来事が今日も世界に大きな喜びの歌声を響かせているのです。クリスマスの讃美歌はたくさんありますが、とくに「きよしこの夜」はすばらしい讃美歌です。この讃美歌についてよく知られている話があります。一八一八年のクリスマスの前日、オーストリアのオーベルンドルフという村の教会のオルガンが突然故障してしまいました。そこでその教会の助祭ヨゼフ・モールの歌詞に、オルガニストのフランツ・グルーバーが急いで曲をつけ、ギターで伴奏して急場をしのいだのです。

この讃美歌が多くの人に感動を与えているのには理由があります。この歌の作詞者モールには不幸な出生の秘密があったのです。大塚野百合著『賛美歌と大作曲家たち』によれば、モールはいわゆる未婚の母から生まれ、父は物心のつく前には行方がわからず、そのゆえに貧しくまた差別されるなど、さまざまな苦難をなめたのです。しかし彼は賢い子で素晴らしいテナーで歌うことができ、教会の合唱隊の責任者に見いださ

れて養子になり、やがて神学校に入って聖職者の資格を得ることができました。しかしやはりいろいろな苦労をし、助祭として教会で働いたものの、司祭になることができずに一生を終えたと言われています。そのような苦難の多い、激動の生涯を送った人によって、主にゆだねる信仰から生まれたものなのです。

この歌は聖なる静けさに満ちています。英語では「サイレントナイト、ホーリーナイト」とあるように、原語では「静かな夜　聖なる夜」なのです。静けさが非常に強調されています。しかも原語ではさらに「幼子は、天国の安らかさに包まれて眠りたもう」と歌われているのです。「きよしこの夜」は日本でも十九世紀末から歌われて、一九三一年版の『讃美歌』から今よく知られる由木康訳が定着したのです。しかも「まぶねのなかに」と訳されたことは意味深く、十字架にいたるキリストの姿を象徴しているのです。何も問題がないから、静かで安らかであるというのでなく、苦難と激動の象徴である「まぶね」の中で安らかであるというのです。現実はたいへん厳しい状況です。しかし「幼子は、天国の安らかさに包まれて眠りたもう」というのです。まさにこの歌に響いているのは、この世にはないような不思議な天国の静けさ、安らぎです。すべてを神にゆだねる天の安らぎ、静けさです。

北朝鮮に拉致された横田めぐみさんの母・早紀江さんは最愛の娘の行方不明と拉致という衝撃の中、長く不安と心配と悲しみと苦しみを経験してこられましたが、主イエスに出会うことができました。共著『ブルーリボンの祈り』（二〇〇三年）の中で、「めぐみの事件やその後の救出活動などを通して、確かにたいへんなところを通らされますが、その中にあって、心の底では私はいつも平安でした」と書かれています。激動と苦難の中にあっても、ただ神にゆだねる安らぎ、静けさがあると証ししておられるのです。私たちも激動の時代と苛酷な人生の中で、主にゆだねて天の安らぎにあずかりたいものです。

罪の深さを知る時

だれでも悲痛な叫びをあげることがあります。ルカによる福音書五章一―一一節で、漁師のシモンがイエスに、「先生、わたしたちは、夜通し苦労しましたが、何もとれませんでした」（五節）と言いました。なんと悲痛な叫びでしょう。これはたまたまこの夜は不漁だったということではなく、人生の根源的な現実を示しているのでしょう。

私たちの人生においても、不漁の時と大漁の時、悪い時と良い時もあります。しかし汗や涙を流して一生懸命に労苦しても、結実や結果を得ることのできない人生の現実を意味しているのです。人生という暗い夜、人生の「夜通し」一生懸命に苦労してきたが、これという成果をあげることができないのです。時には努力が報われ、成功することもあります。しかし何ほどのものでもないことに気づいて愕然とするのです。カミュ著『シーシュポスの神話』の中で、シーシュポスは休みなく岩をころがして、ある山の頂きまで運び上げますが、ひとたび山頂まで達すると、岩はそれ自体の重さでいつもころがり落ちてしまうのでした。ここに無益で希望のない人生の一つの側面が示されているのです。人生はむなしく、空の空であり、水泡に帰し、徒労に終わるのではないか。これが私たちの現実でもあります。

ところが「沖に漕ぎ出して網を降ろし、漁をしなさい」とのイエスの言葉に従って、シモンたちが網を降ろしたところ、不思議なことに大漁となったのです。こうして人生は無意味ではなく、徒労に終わらないことを知ったのです。そこでシモンはイエスにひれ伏して言いました。

「主よ、わたしから離れてください。わたしは罪深い者なのです」

かつて預言者イザヤは聖なる神の前で、自分の罪と汚れに気づき、震えおののきました（イザヤ書六・一―五）。今やシモンにとってイエスは聖なる神の子、主であり、その前で自分がいかに罪深い者であるかを知ったのです。この世は闇が支配し、汚れと罪にまみれています。私たちはこの世の生活にどっぷりとつかり、罪と悪に染まっていると、自分の罪にも汚れにも気づきません。そんな私たちが聖なる方の前で、その光にさらされる時、自分が罪深い者であることを知って震えおののくのです。しかし聖なるイエスが罪人となって十字架にかかり、私たちと共にいてくださる愛の主となってくださったのです。

三浦綾子著『道ありき』の中で次のように述べられています。「（もしかしたら、わたしには罪の意識というものが、欠けているのではないだろうか）罪の意識がないということほど、人間にとって恐ろしいことがあるだろうか。殺人をしても平気でいる。泥棒をしても何ら良心の呵責がない。それと同様に、わたしもまた、人の心を傷つける行為をして胸が痛まないのだ。こう思った時わたしは、（罪の意識のないのが、最大の罪ではないだろうか）と、思った。そしてその時、イエス・キリストの十字架の意義が、わたしなりにわかったような気がした」と。さらに「罪の意識がないばかりに、わたしは自分の心が蝕まれていることにも気がつかないのではないだろうか。腐れきっていることに気がつかないのではないだろうか。つくづく恐ろしいとわたしは思った。わたしの心は定まった。一刻も早く洗礼を受けなければならないと、今度こそ切羽詰まった思いになった」と語られています。

私たちも聖なる神の前に出る時、自分の罪の深さを知るのです。しかし主イエスの十字架を仰ぐ時、神の恵みと愛の中に存在している自分を知り、徒労の人生から意味のある人生に変えられるのです。

不幸な者に響く喜び

だれでも「自分ほど不幸な者はない」と思うことがあります。まわりの人から見て何の問題もないように思われても、本人がそのように思うのですから、そのとおりなのです。またその反対のこともあります。人間とはなんと不思議な動物でしょうか。

ルカによる福音書二章八節以下にも、「自分ほど不幸な者はない」と思っているような人たちが登場してきます。羊飼いたちです。羊飼いの仕事はもともと誇りとされてきましたが、イエスの誕生の頃は軽蔑されていたようで、「この世界で、羊飼いの地位ほど軽蔑されているものはない」とも言われていたのです。実際に羊と共に生活する仕事は野宿の連続で、昼は強い日射しに、夜は寒さにこごえる厳しいものでした。彼らは「自分ほど不幸な者はない」と思っても当然だったでしょう。

しかしクリスマスの喜びの知らせは、そのような人たちに告げられたのです。主の天使が彼らに近づき、「恐れるな。わたしは、民全体に与えられる大きな喜びを告げる。今日ダビデの町で、あなたがたのために救い主がお生まれになった。この方こそ主メシアである。……」

と言いました。「大きな喜び」です。喜びの少ないような人たちに大きな喜びが宣言されるのです。今やこれまで経験したことのない空前絶後の大きな喜びなのです。いろいろな恐れにとらわれている私たちの恐れを砕いてしまうような大きな喜び、死の恐れをも打ち砕く喜びです。「自分ほど不幸な者はない」という絶望的な思いを吹き飛ばして喜びで満たされるのです。

とくに「今日」という言葉はルカによる福音書において大切な言葉です。徴税人の頭《かしら》ザアカイは金持ちでしたが、人々から罪深い者として軽蔑され、「自分ほど不幸な者はない」と思っていたのです。しかしそのようなザアカイの家にイエスが泊まって、「今日、救いがこの家を訪れた」と言われたのです（ルカ一九・一—一〇）。またイエスと一緒に十字架につけられた犯罪人の一人が、イエスに「あなたの御国においでになるときには、わたしを思い出してください」と言った時、イエスは「あなたは今日わたしと一緒に楽園にいる」と言われました（ルカ二三・三九—四三）。十字架にかけられて「自分ほど不幸な者はない」と思っていた犯罪人に、大きな喜びが与えられたのです。遠い将来にではなく、今ここに救い主イエスが共にいて、決定的な救いをもたらし、この暗い闇に覆われたこの時の中に、恵みと救いが突入してくるのです。「自分ほど不幸な者はない」と思っている者の傍に、永遠の神の独り子イエスが、「メシア＝キリスト」として喜びを携えて来て、喜びのメッセージを語られたのです。これを聞く者は幸いで満たされるのです。

「メシア」は英語ではメサイアです。ヘンデルのオラトリオ《メサイア》は一般的にもよく知られていますし、これを聴いて感動を覚える人は少なくないでしょう。かつて剣豪作家であった五味康祐はクラシック音楽のマニアで、『音楽巡礼』という本を残し、その中で交通事故のため子どもを死なせてしまったということを書いています。とりかえしのつかないことをしてしまったと嘆き悲しみ、この罪をどうすれば償うことができるのかと悩んだのです。そのような時、深い慰めになったのが宗教音楽で、とくにバッハの《マタイ受難曲》やヘンデルの《メサイア》だったのです。これを聴いて涙を流し、自分の罪を懺悔したのです。この人も「自分ほど不幸な者はない」と思ったことでしょう。しかし《メサイア》を聴いて深く慰められたというのです。この音楽の背後に悲しむ者を慰めることができるメシア・イエスが立っておられるのです。

Ⅳ　さわやかな風に吹かれて

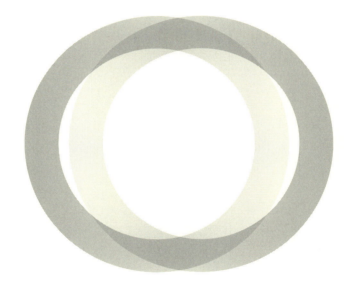

神に近くある幸い

私たちの心にはだれにも嫉妬・ねたみというものがあり、他の人と比較する心があります。嫉妬は歴史を動かすことがあるのです。主イエスは十字架に引き渡されていかれましたが、ピラトはそれを見ながら、「人々がイエスを引き渡したのは、ねたみのためだと分かっていた」(マタイ二七・一八)とあります。

旧約聖書の詩編七三編でも、人をうらやましく思う人が出てきます。三節に、

神に逆らう者の安泰を見て　わたしは驕る者をうらやんだ。

とあります。正しい人や善人が平安で幸福であるなら、まだ理解ができます。しかし不正を行い、罪のない人々を苦しめているような高慢な人が平安で幸福であるのを見て、うらやんだのです。この世においては、なぜ正しい人が苦しみ、悪人が幸福であるのか、正義の神は存在するのか、神は公平で正しいのかという疑いが起こります。この人もこのような問題で苦しんできたのです。

しかし謎が解けてきたのです。二八節には、

わたしは、神に近くあることを幸いとし　主なる神に避けどころを置く。

とあります。「神に近くあること」、無限に遠くにおられるはずの神が最接近してくださったので、人間が神に近くあることができるのです。永遠の天の神がこの私に限りなくアプローチしてくださったのです。救いと恵みと愛の神の接近、これほど大きな幸いはないということを知ったのです。

パスカルは「この世の幸福はいつわりであり、真の幸福は神と一つになることである」と語りました。だ

から神と出会った詩人は、私のような幸せ者はないというのです。悪いことをしながらも、安泰で幸福そうである人を見て、かつてはうらやましいと思っていました。しかし今や神が私に近づき、私と共にいてくださる。たとい病いや災いに遭い、無力で弱くあっても、神が共におられる人生、こんなに幸いなことはないと気づいたのです。

シスターの渡辺和子氏は、ある大学で長く学長の重責を担ってこられました。学生の中には他の大学と比較して、不本意でその大学に入学してきたと思っている人もいましたが、実は自分もかつて修道会からそこに派遣された時、なぜここに来なければならないのかと悩まれたそうです。しかしある宣教師の「神がお植えになった、そのところで咲きなさい」という言葉を聞いて、ここで生きていこうと思うようになったというのです。

またある人のことが紹介されています。成績優秀だったその人は戦後ヨーロッパに留学した。しかし日本ではエリートであっても、戦争中はあまり勉強できなかったので、ヨーロッパの大学ではついてゆけず、やがて劣等感に陥ってしまい、帰国しようと思っていたのです。そのような時、

　小さな草花／小さきは小さく咲かん／小さくも小さきままに／神をたたえん

という言葉に出会って、自分なりにやればよいと思うようになった。それまでは人と比較して自分はだめだと沈みこんでいたが、私は私なりに、私の花を咲かせればよい。タンポポはタンポポとして置かれたところで花を咲かせる。「人見るもよし、人見ざるもよし、我は咲くなり、それが使命」と述べられています。

私たちも置かれたところで自分なりの花を咲かせることができるのです。そこに神に近くある者の幸い、神と一つになる幸いがあるのです。

謙遜の道しるべ

私たちは人生の中で、何を残すことができるでしょうか。物や財産を残す人もいれば、業績や事業を残す人もいます。たとい何を残すことができなくても、言葉を残すこともできます。

使徒言行録二〇章一七―三八節で、パウロはエフェソの人々と別れるに際して、遺言とでもいえるような長い言葉を残しました。とくに一九節には、

自分を全く取るに足りない者と思い、

という言葉があり、これは口語訳は「謙遜の限りをつくし」と訳されていました。謙遜や謙虚について考える時、私はダグ・ハマーショルドの『道しるべ』を思い出します。この本は私が神学部時代、二十三歳の誕生日に、同じ神学部の友から贈られたものです。この友人は卒業後、牧師として働いていましたが、やがて若くして亡くなられ、強い衝撃を受けました。この本は私にとって彼の遺品となり、時の経過とともに一言一句の重みが増してきています。

ハマーショルドは一九五〇年代に、国際連合の事務総長という重責を担った人です。当時は朝鮮戦争の戦後処理に関する問題、スエズの危機、レバノン紛争、アフリカのコンゴの問題など、毎年のようにたいへんな問題が起こりました。そのような国と国、民族と民族の対立の中で、《静かなる外交》を推進したのです。この本の中に「謙虚とは、自讃の反対であるとともに卑下の反対でもある。謙虚とは自己を他と比較せぬということに存する。自己は、一個の実在であるがゆえに泰然自若として、他の何物ないしは何者よりも、優

れてもおらず、劣ってもおらず、大きくもなく、小さくもないのである」とあります。「泰然自若」とは落ち着いて動じないことです。まさに謙虚とは人と比較したり、周囲に影響されて動かされないことです。

私たちは日々、まわりの人たちといろいろのことで比較しています。富や知恵や美貌、あるいは能力や体力などで比較しています。実際に私たちの社会は比較社会です。家庭では兄弟姉妹の間で比較され、学校では比較は学友との間でなされ、よい成績をあげるよう競争がはげしくなり、ついに会社では業績が比較され、その結果が報酬や昇進に影響してくるのです。

このような比較社会の中で、私たちは少しでも優れていれば優越感にひたって高慢になり、劣っていれば劣等感にさいなまれ、夜も眠れないこともあります。しかし人と比較しないで、あるがままの実在として泰然自若としていることが、謙遜だというのです。

またハマーショルドは「われわれは、敗北したために、架空の解決策としてやむなく宗教に縋りつくのではない。むしろ、宗教的実在にかんする体験が、暗夜の側面を光明のもとへ引きずりだすのである」という感動的な言葉を残しています。

神は私たち一人ひとりの実在を真に実在たらしめる根源的な実在です。この神との出会いの体験、まさに神のリアリティーに接触することによって、暗闇から光へと導かれるのです。私たちが歯を食いしばって一生懸命に頑張るからというのではなく、神の命の実在に触れるだけで、闇から光へ、死から生命へ、悲嘆から歓喜へ、絶望から希望へ、束縛から自由へと引っぱり上げられ、ありのままで泰然自若としていることができるのです。「へりくだって、死に至るまで、それも十字架の死に至るまで従順でした」（フィリピ二・八）と語られ、まさに謙遜の限りをつくされた主イエスの中に、「謙遜の道しるべ」があるのです。

一段高いところに

ある心理学者によると、一般的に人というものは毎日、平均的には快楽や幸福よりも、苦痛や不快感のほうを比較にならないほど感じるのだそうです。私たちも毎日、苦痛や不快感を味わっていますが、それが当然だというのです。むしろ苦しみのない人生のほうが不自然なのです。詩人は「人生の年月は七十年程のものです。健やかな人が八十年を数えても　得るところは労苦と災いにすぎません」（詩編九〇・一〇）と語りました。ドイツの文豪ゲーテは八十一年の生涯でしたが、七十五歳の時に「つまるところ、わたしの生涯は苦しみと重荷とのほか何ものでもなかった。わたしは七十五年の生涯を通じて本当に幸福だったと言えるのは、たった四週間にも足りなかった」と言いました。この人の最後の言葉は「もっと光を」であったことは有名ですが、生涯を通じてほとんど幸福な時はなかったというのです。私たちが自分は幸福であると思っている時も、実は単なる幻想なのかもしれません。

ヨハネによる福音書一八章一―一一節は、主イエスが逮捕される場面です。戦後、東京大学総長であった南原繁は老いを迎えて「わたしはいよいよ人生の最も厳しい時期にさしかかっています」と言ったそうですが、主イエスはいよいよ受難と十字架に向かわれる、厳しい時が来たのです。そこでイエスは裏切り者のユダも知っていた場所に入っていかれました。イエスがみずから受難に向かわれるのです。イエスは思いがけず逮捕されたのではなく、みずから受難へと進まれたのです。だからカルヴァンは「キリストは、ユダにも知られているとわかっていた場所に来た。どうしてなのか。それは、その裏切り者と敵たちとにすすんで姿をあらわすためではないか。……キリストが死を蒙ったのは、やむをえずではなく、自ら進んでである」と言っています。イエスの受難と十字架は偶然やハプニングではなく、神の計画、意志であったというのです。

こうして五節に、敵に囲まれた時、

イエスは「わたしである」と言われた。

とあります。これは出エジプト記三章一四節で主なる神がモーセから名を問われ、「わたしはある。わたしはあるという者だ」と言われた言葉を想起させます。その神的顕現を示す言葉をイエスが口にされたのです。だれもこのようなイエスを理解できないのです。それほど神の思いは人間の思いを超えているのです。

J・B・フィリップス著『あなたの神は小さ過ぎる』の中で次のように語られています。どうしてある人にとっての神様は厳しく、またある人にとってはやさしいだけの神なのか、神に対する思いが一人ひとり異なっているのは当然で、その人の幼児体験が投影されているからである。しかし神は私たちの幼児体験や人生体験を超えていますす全知全能の神で、時間と空間を超えた大いなる方である。しかし私たちはそのような神さまを自分の小さな限界のある頭脳でもって悟ろうとする。神の力が小さいということは、神の愛が小さいということである。問題や困難があると神の愛が信じられなくなる。神を小さいものにしてしまう。宇宙を超えた全能の神をミクロの世界に閉じ込めている。「あなたの神は小さすぎないか」。

神は主イエスにおいてご自身の力と愛の深さを示されたのです。十九世紀のドイツの詩人ヨハン・ヘルダーリンは「みずからの不幸に直面するとき、私は一段高いところに立つ」と言いました。この人のとくに後半生は不幸でしたので、この言葉には説得力が感じられます。主イエスは受難に向かわれました。私たちも苦しみを回避することはできません。しかし一段高いところに立ち、人生の真実が見えてくるのです。

危機の中でこそ

普段は自分で何かできると思っていても、いざという時、いかに自分が無力であるかを切実に経験することがあります。私たち人間には限界があるのです。

ヨハネによる福音書六章一六―一七節に、

夕方になったので、弟子たちは湖畔へ下りて行った。そして、舟に乗り、湖の向こう岸のカファルナウムに行こうとした。既に暗くなっていたが、イエスはまだ彼らのところには来ておられなかった。

とあります。ヨハネ福音書において、時の表示は象徴的な意味をもっています（一三・三〇参照）。この時も「既に暗くなっていた」のです。光ではなく闇が支配する時、悪魔的なものが支配する時だというのです。今や弟子たちが小さな舟に乗りこみ、船出する時も暗くなりつつあったのです。「舟」は教会を意味しています。教会は闇の中に漕ぎ出さねばならないのです。ところがそれ以上に大きな問題は「イエスはまだ……来ておられなかった」ということです。弟子たちはイエスを待たずに船出したのです。こうしてイエスが不在の舟は湖の真ん中で闇に包まれていました。しかも「強い風が吹いて、湖は荒れ始めた」（一八節）というのです。木の葉が波に翻弄されるように、小舟は嵐に翻弄されるのです。これはヨハネ福音書が書かれた時代の教会の現実の姿を示しているのでしょう。また二千年の教会の現実、今日の教会の現実でもあります。

ところが一九―二一節に、

イエスが湖の上を歩いて舟に近づいて来られるのを見て、彼らは恐れた。イエスは言われた。「わたしだ。恐れることはない。」そこで、彼らはイエスを舟に迎え入れようとした。すると間もなく、舟は目指す地に着いた。

とあります。「湖の上を歩く」など科学的常識的には考えられないことです。しかしこの物語が示しているメッセージが大切なのです。当時、湖や海は悪魔的虚無的なものが支配していると考えられていました。「神は自ら天を広げ、海の高波を踏み砕かれる」（ヨブ記九・八）とあるように、湖の上を歩くということは、主イエスは罪と死と虚無に対する勝利者であるということを意味しているのです。弟子たちは恐れました。しかし主イエスが近づき、「わたしだ」と言われるのです。幽霊でも亡霊でもありません。弟子といつも寝食を共にし、守り導き、「この上なく愛し抜かれた」（ヨハネ一三・一）主イエスが、この危機の中に来て共にいてくださるのです。これに対して弟子たちが「迎え入れようとした」ということが大切です。それまではイエスが共にいてくださることがいかに大切であるかを知らず、自分たちの力を過信していたからです。しかしこの危機の中で、まさにいざという時、自分たちの無力と限界を知り、主イエスが共にいて助けてくださらなければどうすることもできないことを経験したのです。すると間もなく舟は目的地に着いたというのです。人生は厳しい航海にたとえられます。とくに教会は舟にたとえられるように、この世の荒波に揺り動かされています。しかしイエスが共にいてくださる舟は必ず目的地、救いの港に着くというのです。

パスカルは「自分は死なないのだという確信があれば、嵐に翻弄される船に乗っているのも、愉快なものである」と述べています。さらに教会はどうあるべきかについて「もはや、ただ神によってのみささえられているというときが、教会のりっぱなあり方」と語られています。生きることは楽ではありませんが、悪と死の力に勝利された復活の主が共にいてくださるとの確信に生きる時、愉快で楽しくささえあるのです。

信じることで生きる

人が生きるために最も大切なことは何でしょう。それは「信じる」ということではないでしょうか。人が生まれて、生きていく土台となること、そして最後まで大切なことは「信じる」ことです。

ヨハネによる福音書一一章二五―二六節で、主イエスは、

「わたしは復活であり、命である。わたしを信じる者は、死んでも生きる。生きていてわたしを信じる者はだれも、決して死ぬことはない。このことを信じるか。」

と言われました。子どもは父や母を信じることで、人生の土台ができます。むしろ信じられることで、「基本的信頼」が生まれると言われます。信頼がなければ人生は成立しないのです。その際、何を信じるかということが大切です。おかしなものを信じて、人生を棒に振ることもあるからです。その意味で疑ってみるということは大切です。信じることも認識ということと切り離すことはできません。遠藤周作は信仰とは「九九％の疑いと一％の希望」と言いました。疑ってよいのです。ただそれをくぐり抜けて、「にもかかわらず信じる」あるいは「不合理である故に信じる」ということも大切なことです。合理的科学的だから信じるというのではなく、不合理であり非科学的に見えても信じるのです。人間が人間を信じるというのも合理的だからではありません。生きるとか死ぬというようなことは、合理性とか科学というようなものを超えているのです。謎であり神秘です。愛する人を失って悲しい思いをします。なぜ悲しみの涙が溢れるのか。ある心理学者によれば、愛する者を失うと、なぜ悲しいのか科学的には説明がつかず、証明もできないのだそう

です。その秘密は愛であるというのです。

イエスはここで「信じるか」と問われました。聖書のメッセージやキリスト教の歴史とその神学は膨大なものですが、その出発点には信じるということがあり、信じるということで成り立っているのです。私の牧師としての小さな歩みの出発点にも信じるということがありました。信じるということを失うと、私の人生はガラガラと音を立ててむなしく崩れるのです。同様に結婚も信じることで始まり、信じることで成り立っています。信じられなくなると関係は崩れるのです。死とか復活という問題も信じるということと関係しているのです。「決して死ぬことはない」との言葉は、科学的な証明の問題ではなく信仰の問題なのです。

ロシアの文豪ドストエフスキーは『カラマーゾフの兄弟』の中で、ゾシマという長老に「不死を証明することはできません。けれどもあなたが愛において進歩なさるなら、それにつれて、神の存在や魂の不死についても確信なさるでしょう」と語らせ、フランスの哲学者ガブリエル・マルセルは最愛の妻を亡くした時、「人を愛するとは、『いとしい人、あなたは決して死ぬことはありません』と言うことである」と言いました。また吉野秀雄という歌人は、妻が死の床で、「死後の世界を信じない。この世に関する限り、十分に幸福であった」と言ったのに対して、「あの世がないならば、わたしがあの世をこしらえよう。そこで再び相会うことが望めぬとしたら、この世に生きる望みはない」と言ったのです。

これらの言葉は理屈ではなく愛と命の言葉です。愛は相手を肯定するのです。愛する者は決して死んではならないのです。人間はあの世をこしらえることなどできませんが、神には可能なのです。イエスは「死んでも生きる」と言われました。死は人間を全否定してしまいますが、主イエスはそれを覆して、愛においてありのままで肯定し、永遠の命に生かしてくださるのです。

幸福の鍵

「鍵」は言うまでもなく、錠穴にさし入れて開ける金属製の道具です。私は鍵を手にして不思議に思うことがあります。この一つの小さなものを手にしているかどうかは、大きな建物・世界の中に入ることができるかどうかの分かれ道、文字どおり「カギ」になるということです。そこで辞書には道具だけでなく、「鍵はそれが有れば問題がすぐに解決できる重要なもの」とも書かれています。人生は大小さまざまな問題、深刻な問題があります。しかし問題を解決していく鍵があれば、なんとありがたいことでしょう。

マタイによる福音書一六章一九節で、主イエスは弟子のペトロに、

わたしはあなたに天の国の鍵を授ける。

と言われました。これは厳密には未来形なので「さずけるであろう」ということです。しかし聖書において未来は神の御手の中にあるので、決して未来は曖昧ではなく確実性を意味し、「必ずさずけるであろう」と言えるのです。イエスは宣教の第一声として「悔い改めよ。天の国は近づいた」（マタイ四・一七）と語られましたが、「国」と訳されている言葉には「王権、統治、支配」などの意味があり、領土や空間というよりも、支配や力が及んでいる領域ということになります。私たちの日々の生活は困難や苦難があっても、天の命や愛や平和が浸透してくるような世界なのです。天国とは私たちの想像をはるかに超えた未知の世界ですが、その国に入ることができる鍵をさずけるというのです。何がなくてもこの鍵ひとつあれば、まことの救いにあずかり、人間と人生の根源的問題、救いの手かがりを得ることができるのです。

聖書の中心問題は「救い」です。「イエス」は「主は救いである」を意味しています。しかも救いは私たちと無関係の問題ではなく、もっと身近に「幸福」と言い換えても許されるでしょう。ギリシア語で救いを意味する「ソーテーリア」はもともと幸福を意味していたのです。救いとは最高の幸福なのです。

十九世紀のスイスの法哲学者で敬虔なキリスト者であったカール・ヒルティは『幸福論』の中で、「幸福はまことにわれわれのあらゆる思想の鍵である」と語っています。幸福は人生の諸問題を解決する際の鍵であるとも言えるでしょう。幸福は人生を考える際の重要なキーワードなのです。ところがヒルティの時代、人々の間では幸福は幻想にすぎないと考えられており、むしろ幸福にはゆううつな響きがあって、人が口にする時、幸福はすでに逃げていると考えられたのです。しかしヒルティは次のような意味のことを語っています。「われわれの考えは、それとは違っている。幸福は必ず得られるものだと信じている。幸福こそは、人間の生活目標なのだ。人はどんなことをしてもぜひ幸福になりたいと思う。たしかに幸福は私たちの理解の彼方にあるものであるが、しかし、われわれはなお幸福に到達しうるのである。ひとが一般に『年とる』と呼んでいることは、ただ進歩することであって、決して退歩することではない。外面的困難をきわめた生活の向こうに魂の平安がある。人生最大の幸福は、神の側近くにあることだけである」。

使徒言行録二章一―四節に聖霊降臨の物語があります。対話と交わりの霊である聖霊は、幸福の霊と言っても許されるでしょう。さらにヨハネによる福音書二〇章二一―二二節では、復活のイエスが弟子たちに「あなたがたに平和があるように」と語り、息を吹きかけて「聖霊を受けなさい」と言われました。年老いても退歩することなく、最後まで真の幸福を求め、希望のうちに歩むことができるのです。恵みの息、新しい命の風・息を呼吸しながら前進したいものです。命の霊を受けるかどうかの鍵が与えられているのです。

破られることのない約束

阿久悠作詞、五木ひろし作曲で、五木自身が歌う「契り」という歌は、私たちにだれと契るのかを問います。「契り、約束、契約」というのは大切です。この世の中は人と人との約束、人と集団や社会との約束、集団と集団との約束、また国と国との約束によって成り立ち、互いの契約によって物事はスムーズに進んでいくものです。「約束」という言葉は、辞書では「くくり束ねる、まとめる」、そこから「ある物事に関してあらかじめ取り決め、将来それを変えないことを互いに誓うこと、契り、契約、約定、ある事柄に関して守るよう定めること、そのきまり」とあります。

「約束は破るためにある」などと言われ、約束を守ることはむつかしいことです。サン＝テグジュペリ著『星の王子さま』の中で、キツネと王子さまが会話をする場面でキツネが、「いつも、おなじ時刻にやってくるほうがいいんだ。……だけど、もし、あんたが、いつでもかまわずやってくるんだと、いつ、あんたを待つ気もちになっていいのか、てんでわかりっこないからなあ……きまりがいるんだよ」。そこで王子さまが「きまりって、それ、なにかい？」と言うと、キツネが「そいつがまた、とかくいいかげんにされているやつだよ」と言いました。約束は大小にかかわらず大切です。約束を実行しないと迷惑をかけるのです。

主イエスは「一切誓いを立ててはならない」（マタイ五・三四）と言われました。それは約束するなということではなく、約束や誓約に責任をもたねばならないということでしょう。人生には自分の生涯をかけて誓わねばならないこともあります。入学や入社や結婚、教会では洗礼や牧師の按手などです。しかし真剣に約束しても破綻することも多いのです。破ることも破られることもあります。そこで「契約、約束する相手はだれなのか」ということが問題になります。だれと契りを結ぶかによって、人生は大きく左右されるからです。

エレミヤ書三一章三一節に、こうあります。

見よ、わたしがイスラエルの家、ユダの家と新しい契約を結ぶ日が来る、と主は言われる。

「新しい契約」は旧約聖書の中でここにだけ出てくる重要な言葉です。旧約学者の浅野順一先生は「契約宗教」の特徴として、第一に「人格宗教」であり、人格的な神と人格的な人間との関係は人格的な関係である、と語りました。神は人間を人格的な相手として、契約の相手として愛し、尊重してくださるということです。しかしそこには責任や応答が求められるのです。だから第二に「倫理宗教」であると言うのです。人の生き方を大切にする宗教で、神と民との契約では、十戒という律法、生きる道、倫理が与えられたのです。

C・S・ルイスは五十七歳の時に独身生活にピリオドを打って結婚し、「二十歳台で逃げていった幸福を、六十歳台になって手に入れようとは、夢にも思わなかった」と幸福感にひたったのです。ただこの女性はガンを患い、結婚式は病床においてでしたが、やがて不思議にも快方に向かい、二人の間には不思議な幸福とはなやぎさえあったというのです。

神は私たちに救いの約束をしてくださるというのです。神はエレミヤに「新しい契約を結ぶ日が来る」と言って約束されましたが、やがて最終的にはイエス・キリストにおいて実現されるのです。主イエスは最後の晩餐において、「この杯は、わたしの血によって立てられる新しい契約である」（コリントⅠ一一・二五）と語られました。罪と背信の人間に対して、十字架による赦しの契約、永遠の命の契約を結んでくださったのです。救いの約束の手が差し伸べられているのです。あなたはだれと契りますか。

命と愛への渇望

私たちの人生においては、厳しい言葉を発せざるをえない時があります。主イエスは十字架の上で七つの言葉を発せられましたが、とくにヨハネによる福音書一九章二八節は厳しい言葉です。

この後、イエスは、すべてのことが今や成し遂げられたのを知り、「渇く」と言われた。こうして、聖書の言葉が実現した。

とあります。イエスは生涯において、しばしば渇きを覚えておられたようです。ヤコブの井戸のそばでサマリアの女性に「水を飲ませてください」と懇願されたことがあります（ヨハネ四・七）。こうしてついに十字架の上で、「（わたしは）渇く」と言われたのです。ここで「聖書」とは旧約聖書、具体的には詩編二二編一六節の言葉です。そこには「口は渇いて素焼きのかけらとなり」とあり、渇きの激しさが表現されています。イエスが「渇く」と言われたのは、すでに旧約聖書に示されていた神の意志、摂理であるというのです。神の救いの計画どおりに「渇く」と言い、神の意志が十字架のイエスにおいて貫かれたのです。

水ヲ下サイ／アア　水ヲ下サイ／ノマシテ下サイ／死ンダハウガ　マシデ／死ンダハウガ／アア／
タスケテ　タスケテ／水ヲ／水ヲ／ドウカ／ドナタカ／オーオーオーオー／オーオーオーオー

これは原爆文学の原民喜の詩です。被爆すると想像を絶する喉の渇きが起こると言われます。主イエスも十字架の上で肉を裂き血を流し、想像を絶する厳しい渇きを経験されたのです。しかもこれは肉体的な渇きだけではなく精神的な渇き、魂の渇きをも意味しているのです。

岸本英夫著『死を見つめる心』の副題は「ガンとたたかった十年間」です。この人は東京大学の教授でしたが、五十一歳の時、癌におかされ、十年の闘病生活をした時の心の記録をまとめたものです。この中で「人間が生命飢餓状態に陥るのは、戦場に赴くとか、病気になるとか、自分の生存を続けてゆく見通しが断ちきられる場合に限る。それも目前の近い将来である場合に限る。……私自身も、はじめから、そのような生命飢餓感を知っていたわけではない。外国の病院で、外国人の医者から、はからずも面と向かって癌の宣告をされたときに、それははじまった。『あなたの病気は悪性腫瘍です。医者としてはあなたの生命を、半年までは保証することができます』といわれた直後に、私は、自分が、そのような生命飢餓状態にはいっていることを知って驚いた。そして、それから、十年近くも癌の再発と闘い続けている間というもの、その生命飢餓状態のすさまじさを身をもって思い知ったのである」と書いています。また「このように自分の経験を通して、もう一度世の中を見わたしたとき、私は、さまざまな理由から、生命飢餓状態におかれて、心がさいなまれ、おそれおののいている人が、数多くいることを知った」と述べています。

だれでも生命の飢餓状態におちいり、魂のはげしい渇きを覚えることがあります。マザー・テレサは「今日、苦しみは世界にますます増えてきています。人びとは人間が与えうるよりももっと美しいもの、もっと大きなものを渇望しています。世界じゅうが今、神に渇望しています。至る所に多くの苦しみがありますが、神への、そしてお互いに愛しあう愛への渇望もまた大きいのです」と語りました。

人は肉体的生命の渇きだけでなく、愛という命の水に対する渇きがあります。しかし主イエスは、

わたしが与える水を飲む者は決して渇かない。（ヨハネ四・一四）

と言われました。主イエスは渇くことのない永遠の命に至る水を与えてくださるのです。

感謝への飛躍

私たちの人生は毎日、ほとんど同じようなことの繰り返しです。しかし、同じ状況や状態が長く続くように見えても、時には激しく変化し、むしろ大きく飛躍することがあるものです。

詩編二二編において、前半の二―二二節は「個人の嘆きの歌」で、後半の二三―三二節は「個人の感謝の歌」という二つに分類することができます。この詩には「嘆き」と「感謝」という鋭いコントラストがあるのです。前半と後半の間には、天と地ほどの裂け目があると言えるのです。嘆きの訴えのあとに、突然、賛美の声があがるのです。まず二節に、

わたしの神よ、わたしの神よ　なぜわたしをお見捨てになるのか。

とあります。詩人だけでなく、旧約の民はこの言葉を繰り返し発してきました。ついに主イエスは十字架の上でこの言葉を重ね合わせるようにして、自分の言葉として発せられました（マタイ二七・四六）。そこで神学者の北森嘉蔵氏は「この詩はキリスト教徒にとって忘れようとしても、忘れることのできない痛ましい詩である」と言いました。そのような痛ましい叫びが、この詩の前半において語られているのです。作家の井上靖が「人間はどんなに幸せでも、一生のうちに、一度だけは悲しい時がある。どんな人でもそういう悲しい時があるものだ」と言いました。むしろ私たちは出会いの数が多いほど、交わりの深さが深いほど、自分や人の困難に出会って、何度も「なぜ」と言って深い苦難を経験しなければならないのです。

しかし嘆きや悲しみが賛美と感謝に変わることがあるのです。二三節から賛美が始まり、三二節で、

成し遂げてくださった恵みの御業を　民の末に告げ知らせるでしょう。

と語り、大きく飛躍しているのです。信仰にはそのような不思議な飛躍があるのです。自分の力で跳躍するのではなく、その秘密はイエス・キリストです。キリストにおいて嘆きが突然、感謝に変わるのです。いつの間にか変わっていたということもあるでしょう。旧約学者のヴェスターマンは「キリストは二二編の嘆きを御自分の嘆きとした。この地上を歩まれたイエスの職務は、嘆きを賛美にかえることであった」と言いました。この詩にすでに飛躍がありますが、キリストによって飛躍は決定的になされるのです。

ドイツの神学者H・ティーリケは「〈なぜ〉という問いは決して長広舌を要せず、ただの二字にすぎません。しかもこの問いはわれわれの魂の死に至る傷となりうるのです」と語りました。しかしある牧師が言いました。「悲しみを本当にいやすものは何もない。つまり失ったものは返ってこない。これを慰めるものがあるとすれば、同じ喪失の経験、同じ悲しみを知っている人と共にいるしかない」。

かつて私が尊敬しているひとりの信仰の兄弟が、最愛の娘さんを病気のために三十九歳という若さで亡くされ、深い悲しみの涙を流してこられました。しばしば「なぜ」と問い続けてこられたのです。その後「なぜ」と言われた主イエスの姿をとりあげた私の貧しい文章を読んでくださり、次のような手紙をいただきました。「マタイ受難曲のクライマックスでも、何度も感動したイエス様の十字架の言葉が、〈なぜ〉、〈どうして〉であったことを今更ながら驚きをもって伺いました。娘が倒れた時、なぜという思いに身をしめつけられた事を思い合わせ、そうだったのかと新鮮なみ言葉として心に刻みました」。

私たちの深刻な「なぜ」から、私たちを救い出してくださる方は、十字架の上で「なぜ」と問われる主イエスのほかにはないのです。そこに悲嘆から賛美へ、死から命へ至らせる「飛躍」があるのです。

天に属する者の喜び

私たちの人生は「悲喜こもごも」です。悲しみが続くこともあれば、喜びが続くこともあります。喜びの多い人もいれば、悲しみの多い人もいます。いずれにしても私たちは「一喜一憂」しながら生きています。それは「情況が変わるたびに、喜んだり心配したりすること」（広辞苑）で、私たちの自然の姿でもあります。私たちは日々状況に左右され、振り回されながら生きています。一喜一憂しながら一日、一週間と過ぎ、また一喜一憂しながら一か月、一年と過ぎ、ついに一喜一憂しながら一生が過ぎていくことになります。たまたま幸運であった人は喜びの多い人生となるし、たまたま不幸が続いた人には、悲しみや憂いの多い人生となります。それは偶然的運命的なものです。ちょうど温度計のようにまわりの状況に対する反応であり、主体的ではなく受動的なあり方となります。それは喜びの根拠が自分の中にはなく、外的状況の中にあるということです。だから私たちは状況がよくなるように、一生懸命に日夜、努力をしているとも言えます。しかしそれは根拠のない、あやふやな人生だと言わねばなりません。

ところがルカによる福音書一〇章二〇節で、主イエスは、

「……悪霊があなたがたに服従するからといって、喜んではならない。むしろ、あなたがたの名が天に書き記されていることを喜びなさい。」

と言われました。フィリピの信徒への手紙四章四節に、たいへん有名な言葉として「主において常に喜びなさい。重ねて言います。喜びなさい」とあります（テサロニケI五・一六も参照）。どのような状況であろう

とも「あなたたちは喜びなさい」と勧められているのです。それは喜びの源泉である主にあって可能となるのです。ここでもまったく同じ言葉が使われていて、「あなたたちは喜びなさい」と語られているのです。

それでは何を喜びなさいと言うのでしょうか。富や権力、素質や能力、知恵や知識があるからというのではないのです。努力が実を結び、成功したことを喜びなさいというのでもありません。弟子たちは自分たちに悪霊が服従することをたいへん喜んでいました。これは象徴的な表現で、端的に言えばこの世の勝利者、人生における成功者となるということでしょう。しかしそれを喜ぶなと言うのです。

それでは何を喜ぶべきなのでしょうか。「名が天に書き記されていること」です。P・トゥルニエ著『なまえといのち』の中で、「名前とは、他でもない人格なのです。福音書が高らかに言っている復活とは、人格の復活なのです。肉体は変わります。……あとに残るのは人格なのです。心身の機構を破壊する死を超越してなおよみがえるのは、人格――天に書きとめられている名前――なのです。それは決して消されることはありません」と述べられています。たとい苦難や不幸に満ちた生涯であっても、名もない存在であっても、天に名が記され、そこに属する者とされているということほど大きな喜びはないのです。

フィリピの信徒への手紙三章二〇節に「わたしたちの本国は天にあります」とあります。「本国」は国籍とも訳されます。私たちにとって帰属意識は大切です。どこに所属しているかは人間存在に安定性を与えるものです。私たちは家庭や学校、職場や社会、国に属していて、そのことで生きることができるのですが、人生の終わりを迎えるということは、どこにも所属する場を持たなくなるということです。しかし私たちはキリストの名によって、天に属する者とされているのです。私たちの国籍、本国は天にあります。だから天に属する者としてふさわしく真実と愛をもって生きていかねばならないのです。そこに喜びがあるのです。

別離と出発

人生は出会いと別れの繰り返しです。出会いには別れがあります。別れは耐えがたく悲しいものです。遠藤周作は赤ちゃんがこの世に産まれた時、「オギャー」と泣くのは喜びの声ではなく、あたたかく守られていた母の胎内からの追放の叫びだと言いました。さらに成長すると母の手からも離れなければならなくなります。それは母親にとってもつらいことです。尾木直樹著『親子共依存』の中で、いつまでも父母と子が離れられなくて、親子が異常に依存し合っている今日の現実を指摘し、親子は互いに自立すべきであると警鐘を鳴らしています。

E・フロム著『愛するということ』の中に次のようなことが書かれています。子どもが小さい間はだれも愛情深い母親でありえるが、その愛情の一つは本能的なもの、もう一つは人間的心理的な要因によるもので、子どもが母に依存してくれている間は、母の自己愛、所有欲をみたしてくれるからである。しかしやがて子どもは成長し、母の胸や手から分離独立していかねばならない。その時、母性愛が本ものかどうか問われる。多くの母はこの段階でつまずいてしまう。分離していく子への愛は、自分の胎内に子を宿していた母にとって、非常に困難な愛である。だから母の愛は分離にたえる愛である。母が分離にたえて母性愛をもちつづけられるかどうか、子どもが育っていく時にチェックされる。そして人間としての成熟度をもつ時のみ、分離にたえる真実の愛情深い人間になることができるのである。

マルコによる福音書一章九節に、

そのころ、イエスはガリラヤのナザレから来て、ヨルダン川でヨハネから洗礼を受けられた。

とあります。「ナザレから」の「から」は分離を示す「アポ」という前置詞が使われ、イエスにとって家族や隣人や友人と共に生きた懐かしい故郷であるナザレから離れ、離別することを意味しています。それはイエスが洗礼を受けて新しい出発をし、やがて十字架にかかり、すべての人の罪の赦しを実現するという大きな使命のためだったのです。

森有正著『アブラハムの生涯』の中で、「アブラハムの特質すべき、いちばん大切なことの一つは、かれは出発した人だということです。どこかへ出かけた人間だということです」とあります。聖書の人たちはモーセも預言者たちも使命を受けて、新しい世界に出発した人たちでした。それは特別な人のことではなく、結婚に際しても言えることです。「男は父母を離れて女と結ばれ、二人は一体となる」（創世記二・二四）とあります。これは同居を否定しているのではありません。男も女も両親から精神的に自立・独立しなければ、新しい出会いと交わりは成立しないのです。

私はかつてある教会に赴任し、たいへん居心地よく務めていた時のこと、別の教会から招聘の話がありました。私はその教会を去りがたく、また自分には荷が重いのでと躊躇していました。ところが恩師に「新しいフィールドが開かれたなら、一歩踏み出すべきではないか」と言われ、後ろ髪を引かれる思い、また断腸の思いではありましたが、新しく出発いたしました。実際に新しい任地でたいへん苦労いたしましたが、どちらがよかったのかは、神だけがご存じなのでしょう。

私たちはやがてこの世との別離の時を迎え、愛する人たちとも別れなければなりません。それは耐えがたいことですが、それも新しい命の世界への出発であるとの望みをもって、今を大切に生きたいものです。

天界を仰ぎながら

私たち人間の心はあてにならず、人と人との関係はもろいものです。信じ愛し合っていた者の間に亀裂が生まれることもあります。

夏目漱石著『こころ』の中で、ある時「先生」から「私」に分厚い手紙が届き、次のようなことが書かれていました。先生は少年の頃両親を失い、遺産の管理を叔父に一任します。ところがある時、叔父の不正がわかるのです。そこで自分はあのような人間ではないし、あのような人間には決してならないと決意して、ある未亡人の奥さんとお嬢さんの住む家に下宿することになります。しだいに先生はお嬢さんに思いを寄せるようになりますが、同じ下宿に紹介した友人Kは、最初は女性には関心がないようであったが、しだいに変化し、ある日Kは先生にお嬢さんへの恋心を打ち明けるのです。Kに先を越されると恐れた先生は、奥さんに「お嬢さんをください」と迫り了承を得ます。それを知ったKは平静を装っていたが、一週間もたたずに自殺してしまうのです。まもなく先生は念願どおり結婚しますが、Kに対する罪悪感を抱くのです。これまで遺産問題で自分を裏切った叔父を嫌悪していたが、結局自分も結婚問題で友人を裏切ってしまったのです。叔父と少しも変わらない人間ではないかと悲観し、自殺してしまうのです。

人の心はわからないもの、あてにならないものです。これは人間関係だけではなく、神との関係として、私たちの信仰もあてにならないものです。ところがエレミヤ書三一章九節で神は、

わたしはイスラエルの父となり……

と言われるのです。これは原文では完了形が使われ、確かさが強調されています。神は永遠に変わることなく、無条件で私たちの父であることを示しているのです。神はどのような方なのか。私たちを愛してやまない父であるというのです。私たちには血肉の父がいますが、神こそ真実の父、むしろ父の原型なのです。肉親の父に神が似ているから、神が父であるというのではなく、神こそ私たちの本来の父なのです。

だからイエスは神を「アッバ、父よ」と呼ばれました（ローマ八・一五）。これは幼子が信頼をこめて言う呼び方です。神は本来、近づきがたい聖なる方です。しかしふところに抱かれるような仕方で、「アッバ」と呼ぶことができるほど、近く親しい方となってくださったのです。

「使徒信条」に「全能の父なる神を信ず」とありますが、「ハイデルベルク信仰問答」二六には「この方が体と魂に必要なものをすべてわたしに備えてくださること、また、たとえこの涙の谷間へいかなる災いを下されたとしても、それらをわたしのために益としてくださることを、信じて疑わないのです。なぜなら、この方は、全能の神としてそのことがおできになるばかりか、真実な父としてそれを望んでもおられるからです」とあります。父なる神は私たちを子とし、永遠に変わることのない関係を与えてくださるのです。

塚口教会員の清水富佐子さんが「信徒の友」に載せられた俳句に、

天界は涼しからんに蟬時雨

というのがあります。私の勝手な解釈で間違っていれば申し訳ないのですが、蟬時雨という言葉に夏の猛暑むしろこの世の喧騒《けんそう》や混乱を感じます。しかし天界は涼しく、さわやかであろうというのでしょう。天国には慰めや平和があります。この世界は大きく変化し、人の心も変わりますが、天にいます変わることのない父なる神を仰ぐ時、聖霊として吹いてくる命の風を感じ、命の息を呼吸して生きることができるのです。

V　愛の道しるべ

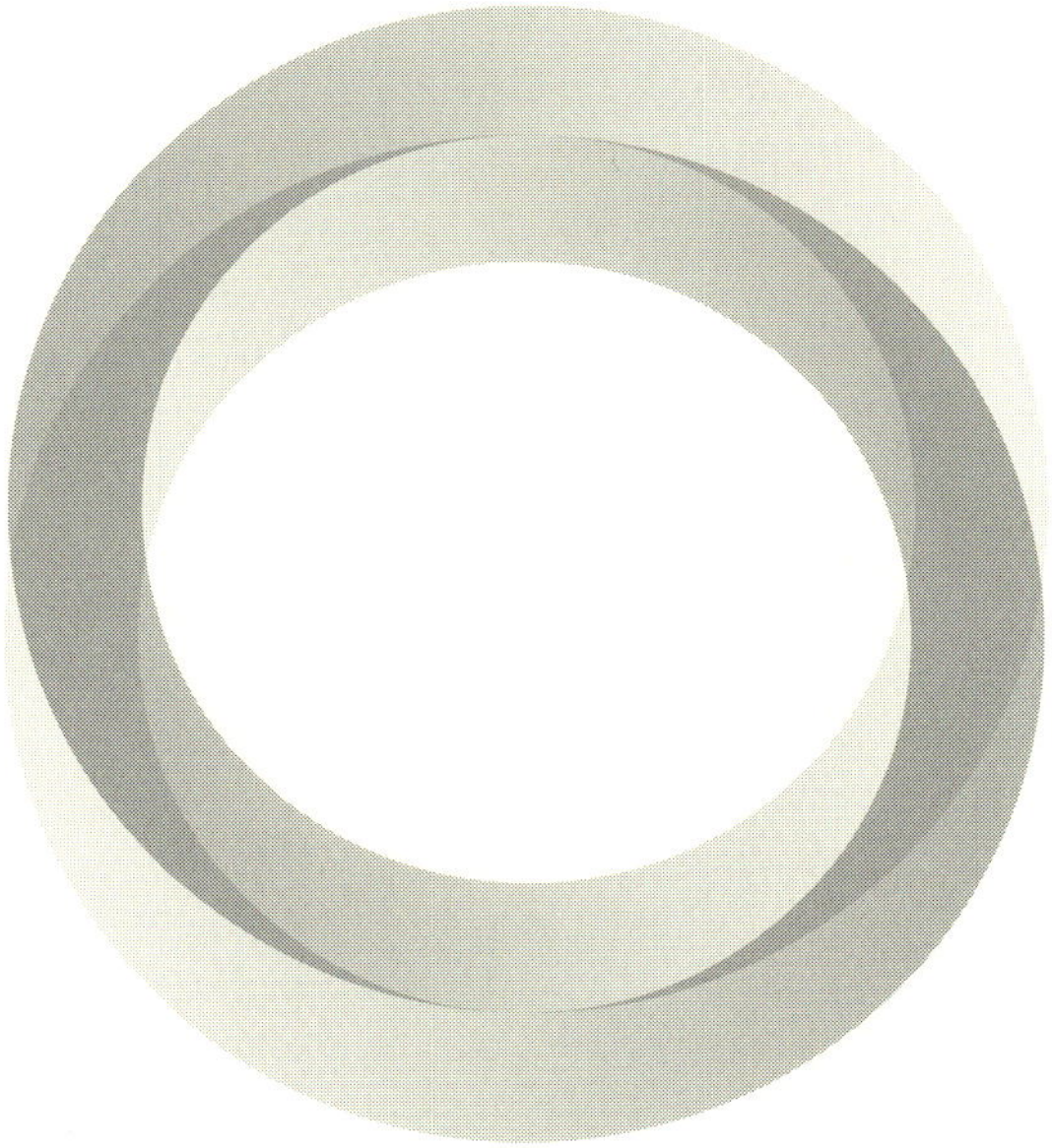

すべてのこと益となる

私たちの人生の中で、もしかしたらあの時、死んでいたかもしれないということが何度かあるのではないでしょうか。私の小さな人生の中でも、まだ記憶のない幼い頃、急病になって危機的状況の中、不思議に助かったと聞かされて育ってきました。さらにまた六十歳を少し前にして悪性リンパ腫になり、抗癌剤の投与を受けました。この病気で亡くなっている人も少なくなく、今も生かされていることを感謝しています。むしろ私たちは気づかないところで、危機を逃れて生かされているのだと思っています。

私は二十三歳の時、交通事故に遭いました。親友の運転する車の助手席に乗っていて、悪条件が重なり、車は崖に衝突したのです。シートベルトのなかった時代のこと、私はフロントガラスに顔を突っ込みました。山の中でしたが、たまたま数百メートルのところに病院があり、通りかかった善意の方が乗せて運んでくださいました。ちょうど外科の医師がおられ、すぐに手術をしていただき、顔面を四十八針縫っていただきました。故郷の両親は病気で来ることができず、運転していた親友のお母さんが遠くから駆けつけて看病してくださいましたが、私の顔を見て「山崎さん、結婚できなくなったのではないか」と心配してくださり、私が牧師になることを夢みていた故郷の母は「講壇に立って説教ができなくなったのではないか」と心配してくれたのでした。さらに丁寧な治療が必要ということで、一週間ほど後、先輩の車に寝たままで運ばれ、設備の整った病院に転院いたしました。さいわい若かったこともあって回復も早かったので、一か月もたたない間に退院することができました。

退院後、礼拝に出たいと思いつつも、いつも神学生として通っていた教会には遠くて行けなかったので、すぐ近くの関西学院教会に行きました。顔の半分を包帯で巻いていたので、惨めで恥ずかしい思いをしましたが、礼拝を守り、祈り賛美する中で、少し光が見えてくるような思いをしました。礼拝後、何人かの方が慰めの言葉をかけてくださいました。また母教会や出席教会の方たち、大学の先生方や友人たちが心配して祈ってくださり、大いに励まされたのでした。こうして牧師になるためには、苦しみや悲しみの経験をしている方たちの苦しみや悲しみを少しは経験しておく必要があったのであり、これも神の配剤であったのかもしれないと少しずつ思うようになりました。運転していた友人には苦しみを与えて申し訳なかったのですが、そのことによって、さらに友人としての絆が深くされたことは幸いでした。

私の母は若い日から苦労をし、後に関節リウマチで苦しみましたが、ローマの信徒への手紙八章二八節の、

凡《すべ》てのこと相働きて益となる　（文語訳）

という言葉を特愛の言葉としていつも口にし、私は少年時代より耳にたこができるほど聞いてきました。耳学問だったので、「すべてのこと愛働きて益となる」と思いこんでいて、あるキャンプで証しをすることになり、堂々と「愛働きて」と話したのですが、後になって、「相働きて」であることを知り、一人恥ずかしい思いをしました。しかし今ではそれは美しい誤解であったと思っています。神の愛が働いて、すべてのことを益としてくださると理解することも許されると思っています。

私の傷など小さな傷にすぎませんが、「彼の受けた傷によって、わたしたちはいやされた」（イザヤ書五三・五）というみ言葉が強く迫り、むしろキリストが十字架の上で受けられた傷と流された血潮によって私たちを癒し、生かしてくださっていることをひしひしと感じることができたのです。

愛——最高の道

人間は道なきところに道を作り、安全に目的地に着くようにしてきました。人生にも道が必要です。それは道徳や倫理、生きる道、人間の生き方のことです。古来、文学や教育、哲学や宗教などにおいて道が教えられてきました。私たちはどのような道を進めばよいのでしょうか。

コリントの信徒への手紙Ⅰ一二章三一節で、パウロは、

わたしはあなたがたに最高の道を教えます。

と語っています。生きるべき「最高の道」があるというのです。心して受け止めたいものです。それはどのような道であるかを「愛の賛歌」として有名な一三章で語っています。この箇所は聖書を開いて何度も読み返してみるべきところです。ここには「愛」を意味する「アガペー」という言葉が九回も出てきます。古代から一般に用いられてきた言葉は「エロース」で、これは「真・善・美」など価値あるものに自然に心がひきつけられていくことです。私たち人間の生来の自然の愛です。これに対してアガペーは価値なく貧しく弱いものを愛する愛です。

Ｅ・ブルンナー著『信仰・希望・愛』の中で、「アガペーは徹頭徹尾『……のゆえに』の愛ではなく、『……にもかかわらず』の愛である。価値を求める愛ではなく、価値を与える愛である」と説明されています。エロースは価値あるものに向かおうとする上昇運動であるのに対して、アガペーは価値のない、低く貧しい者に向かう下降運動とも言えます。このような愛は人間が考えつかない、神から示される新しい道なの

です。主イエスは「わたしは道であり、真理であり、命である」（ヨハネ一四・六）と言われましたが、イエスこそ愛の道であり、アガペーの道と言うこともできるのです。

ベイリー著『朝の祈り　夜の祈り』の中で「わたしの歩んでいるこのキリストの道が、地図にもない未踏の小道でなく、聖徒、使徒、預言者、殉教者によってふみかためられた大道であることを感謝いたします。また、この道の角ごとにたてられた道標や、危険信号が、聖書を学び、世界の歴史と文学を学ぶことによって知られることを感謝いたします。何事にもまして、イエス・キリスト、信仰の導き手をお与えくださった大きな賜物を心から感謝いたします」と語られています。砂漠のような人生、混沌とした世界の中に、「わたしは道である」と言われる方がおられ、「最高の愛の道」が示され、み言葉が「道しるべ」となるのです。十字架の死によって示された神の愛こそが、私たちの暗い人生を照らす光と灯、人生の指針、道標として、私たちを永遠の命の世界へ導くのです。

ダンテの『神曲』は古典の中の古典と言われています。紀元一三〇〇年の聖金曜日、主人公のダンテは暗い森の中に迷い込みますが、ひとりの詩人に出会い導かれて旅をします。ダンテは地獄、煉獄へと行き、その山上で、ベアトリーチェという女性と出会い、彼女に導かれて天国に行きます。ついに最高の天において、純白の薔薇を見るのです。こうしてこの世を動かすものが、神の愛であることを知ります。ダンテは迷った時、自分で道を探したというのではなく、それぞれ導くものがあったということを示しています。

私たちには最高の道としての愛の道があり、そのための道標が示されているのです。「この道より、我を生かす道なし、この道を行く」（武者小路実篤）。「あなたの御言葉は、わたしの道の光　わたしの歩みを照らす灯《ともしび》」（詩編一一九・一〇五）。共にこの道を見失うことなく、歩んで行きたいものです。

神の意志を変えるほどに

それぞれ人間にはいろいろの願いがあります。かつて河合隼雄氏は次のように語っていました。「人は皆違う。〝高齢者〟とひとくくりにするのはやめた方がよい。ある施設で職員が一人ひとりに〝これがしたいってことありませんか〟と尋ねると、〝故郷を訪ねたい〟〝小学校の同級生に会いたい〟〝死ぬまでに一度、歌舞伎を見たい〟などいろいろ出てきた。そこでしたいことを大きな表にして貼り出したら、これを巡って会話が弾み、リハビリに励む人も現れ、施設に活気が出てきたそうだ。生きる意欲、やる気というのは〝みんな一緒〟を押しつけられると出てこない」。私たちにもそれぞれさまざまな願いや祈りがあります。しかし私たちの願いが大きすぎるためか、実現することはむつかしいものです。

ところがヨハネによる福音書一四章一三―一四節で、主イエスは、

わたしの名によって願うことは、何でもかなえてあげよう。こうして、父は子によって栄光をお受けになる。わたしの名によってわたしに何かを願うならば、わたしがかなえてあげよう。

と言われました。「何でも」というのです。例外はないのです。また「わたしがかなえてあげよう」という言葉は嬉しい言葉です。その言葉には主イエスの意志がこめられているのです。

聖書の中には一貫して、神のご意志にまで影響を与えたと思えるようなねばり強い祈りの人、執拗な祈りをした人たちが出てきます。旧約聖書ではアブラハムはソドムが救われるように神に執り成し、神と押し問答をしました（創世記一八・一六―三三）。ヤコブはヤボクの渡しで、一晩中、何者かと取っ組み合いをしまし

た（創世記三二・二三―三二）。苦闘の祈りをしたのです。

新約聖書でも、裁判官に対するやもめの嘆願（ルカ一八・一―八）やカナンの女が必死に願ったという物語もあります（マタイ一五・二一―二八）。主イエスはオリーブ山（ゲッセマネの園）で、汗が血のしたたるように落ちるほど祈られ（ルカ二二・四四）、パウロも病気が癒されるよう「三度」すなわち徹底的に祈りました（コリントⅡ一二・八）。

私は高校生の頃、牧師になりたいとひそかに願い始めました。しかし自分などになれるだろうかと心配でした。しかしやがて神学部に入学が許されました。それでもやはり不安がいっぱいでした。ところがちょうど入学したばかりの頃、神学部教授の印具徹先生が、フランスの十九世紀の司祭ヴィアンネのことを何度か紹介してくださいました。この人は神学校に入学したものの、あまりにも知力が乏しくて進級ができず、たいへん苦労したのです。とくにラテン語ができなかったことは当時としては致命的であったのです。こうして推薦してくれたバレー神父のもとに送り返されてしまいました。しかしヴィアンネは敬虔な祈りの人だったので、バレー神父は「彼の敬虔さは、無知を補うのに十分である」と管区長を説得しました。彼は祈りに祈って卒業し、やがて立派な司祭になったというのです。

私はこの人のことを聞いてたいへん励まされ、私も祈っていけば道が開かれるであろうと堅く信じ、その後の学生生活においてもさまざまな試練がありましたが、祈り続けむしろ多くの人々の祈りの包囲網の中で導かれてきたのです。このような私の祈りは私の人生の中で「神の意志にまで影響を与えた」と言えるのかもしれません。しかしそれも「わたしがかなえてあげよう」という主の意志の中にあったに違いないと信じています。

私らしい美しい花を

私たちはさまざまな問題、病気や災難など多くの苦しみ、むつかしい人間関係の悩みの中で、いつも切に求め祈り願っています。しかし簡単には願いはかなえられず、祈りは答えられず、呻《うめ》きながら生きています。ところが詩編一三八編三節に、

呼び求めるわたしに答え　あなたは魂に力を与え　解き放ってくださいました。

とあります。ここでは主なる神こそは世界を支配する唯一の方であると賛美されていますが、根本にあるのは神と私との親密な関係、我と汝としてのパーソナルな深い交わりです。「呼び求めるわたしに答え」は丁寧に訳すと「わたしが呼び求めた日に、あなたはわたしに答えられた」となります。呼び求めたその日のうちに、神は答えられたというのです。まさに即答なのです。朝や昼に呼び求めたのに対して、日没前には答えられたのです。私たちは何十年も願い、生涯にわたって必死で祈り続けたのに、何も聞かれなかったという経験をすることもあります。しかし実は神はすぐに答えてくださっていたというのです。

十二年にわたるナチスの圧制の下で、困難な闘いをした牧師・神学者カール・バルトは、戦争終了の翌一九四六年の八月にドイツの三箇所で、この個所について同じ説教をしています。その中で「私たちはこの小さい人間が、大きな神に向かって、呼び求めることがゆるされている。このような言葉でもって神の御前に近づき、『あなた』と呼びかけ、それに固着することをゆるされている。飢餓と死の世界、救いようもない、誤謬《ごびゅう》に満ちた世界の中で、私たちには神に呼び求める以外に一体、何が残されているのであろうか？……

イエス・キリスト、神の愛する御子にあって、私たちが神にお願いする一切は成就しているのである。このことは、すでに起こっているのである。ただ私たちがまたそれを見るようになることだけが、なお欠けているにすぎない」と語っています。私たちが願っていることは、深いところで神は答えてくださっていたのに、私たちが気がついていないだけなのです。

カトリックのシスター渡辺和子氏は「私が修道院でつらい思いをしていた時、ある米国人宣教師に教わった『ＯＮＥ　ｔｏ　ｏｎｅ』という言葉があります。大文字のＯＮＥは神を、小文字のｏｎｅは自分を指します。『神と私』ぐらいの意味でしょう。『あなたは神に仕えるために修道院に入ったのであって、あなたの心を煩わせる人のためではない』。宣教師は私に、そう教えたのです。何のためでもいい。あなたにとっての『ＯＮＥ』を明らかにすることです。つらかったことを肥やしにして花を咲かせるのです。逆風の中で花を咲かせるには厳しい闘いが必要です。どうしても咲けない日には、根を下へ下へとおろし、張るのです。次に咲く花は嬉しいこと、楽しいことだけを肥やしにした花とは違う、美しい花となることでしょう」と述べておられます。

私たちは主イエスにおいてご自身を示された全能の父なる神と出会うことができるのです。こうしてはっきりとした「ＯＮＥ」に向き合うことができるのです。この唯一の「ＯＮＥ」に愛されて生きることによって、魂に力が与えられ、さまざまな問題を乗り越えていくことができるのです。世界には多くの神がいるとされていますが、私たちにとって主なる神は「オンリーワン」なのです。なぜなら神は私たち一人ひとりをかけがえのない「オンリーワン」として向き合ってくださる方だからです。神は私たちの切なる祈りや願いに答えてくださり、そこに私たちの人生にも自分なりの美しい花を咲かせることができることでしょう。

無駄と思えても

歴史や世界には、変わり目、分かれ道、分岐点というものがあります。バビロニアによって捕囚されていたユダの人々は、紀元前五三八年ペルシア王キュロスによって解放され、故郷に帰ってきました。しかし故国の土地は荒れ放題で、野獣のすみかとなっていました。人々はその土地を見て茫然となったことでしょう。

しかし詩編一二六編五―六節に、

涙と共に種を蒔く人は　喜びの歌と共に刈り入れる。

種の袋を背負い、泣きながら出て行った人は　束ねた穂を背負い　喜びの歌をうたいながら帰ってくる。

とあります。荒れ地を耕して種を蒔くことはつらく苦しいことです。しかしその苦しみは必ず報いられて余りがあるというのです。この詩は「種を蒔く人のたとえ」（マルコ四・一―九）を思い出させます。種を蒔く人が種蒔きに出て行きました。ある種は道端に、ある種は石地に、またほかの種は茨の中に落ちました。こうして種は無駄になり、種蒔きという仕事も徒労に終わったかのように見えたのです。しかしよい地に落ちた種があったのです。そこでは芽生え育って豊かな実を結んだのです。このたとえは悪い土地と良い土地があるという平面的な対照ではなく、種を蒔く時と収穫の時という時間的コントラストとして受けとめる必要があります。蒔く時は困難で無駄に思えても、時が来れば豊かな収穫があるという約束のメッセージなのです。種とは私たちにとって神の言葉です。種を蒔くことは、伝道や宣教であり、祈りや奉仕です。

しかし遠藤周作著『沈黙』の中で、背教したフェレイラという司祭が言いました。「この国は沼地だ。やがてお前にもわかるだろうな。この国は考えていたより、もっと怖ろしい沼地だった。どんな苗もその沼地に植えられれば、根が腐り始める。葉が黄ばみ枯れていく。我々はこの沼地に基督教という苗を植えてしまった」。しかし日本だけでなく、イエスや最初の教会においてこそ伝道は困難を極めたのです。だからそのような無駄なことはやめておこうという思いにもなります。たとい一時的な成功や勝利を経験できても、人生は結局空しく徒労に終わり、無駄な努力や苦労ではなかったのかと、愕然とすることがあるものです。

政治学者の姜尚中《カンサンジュン》氏の講演が新聞に記載され、「学ぶ時には手本になる人が必要です。高校時代の私は書物に師を求め、むさぼるように夏目漱石を読みました。もう一人の師は、マックス・ウェーバーでした。大学の恩師で経済史が専門の大塚久雄さんからも、貴重な教えをいただきました。それは〈無駄なことを学ばなければ、何が大切かは分からない〉ということです。今の学校では、役に立つことと立たないことの間に線を引き、〈役に立つことに時間を費やしなさい〉と勧めています。無駄に手を出さない。無駄な人と付き合わない。無駄な本を読まない。そうやって小さい頃からトレーニングされているのです。しかしそれは限界にきている。行き詰まりを見せる日本社会で何を学ぶべきか。それは〈宗教〉と〈政治〉です。世界を動かす大きな力こそ、宗教と政治だということがわかってきた」と述べられていました。

無駄や徒労と思えることの中にも大きな意味があるのです。職場における労働においても、家庭における家事や育児においても、とくに伝道や宣教という務めは日々、目立たないことの繰り返しです。涙を流し、ため息をつくこともあります。しかし神の民が荒野の旅を四十年続けて、ついに約束の地に着いたように、忍耐してこつこつと務めを果たすなら、必ず実を結ぶ時が来ることでしょう。「人がわたしにつながっており、わたしもその人につながっていれば、その人は豊かに実を結ぶ」(ヨハネ一五・五)と信じながら。

ゆだねる安らぎ

人間とは何かについて、古今東西さまざまと定義がされてきました。その中でエルンスト・カッシーラーというドイツの哲学者は「シンボリックアニマル」と定義しました。シンボル・象徴あるいは言葉を使う動物というのです。動物は本能的に感覚や知覚によって世界を受け止めるのに対して、人間は意味をもつシンボルの体系としての言葉をもち、それによって世界と関わっていくことができるとしたのです。こうして人間は言葉をもって他の人や社会や世界と関わりながら生きるのです。だから死の間際に最後の言葉を残していくのは人間だけだと言われるのです。死に際して言葉を残すということは真に人間らしい姿なのです。最後の一言にその人がそれまでに生きてきた、生き方のすべてが表現され、集約、凝縮されることもあるのです。私たちは人生の最後のステージにおいて、どのような言葉を残すのでしょうか。

イエスは十字架上で、七つの言葉を語られました。そのひとつがルカによる福音書二三章四六節で、

父よ、わたしの霊を御手にゆだねます。

と語られました。イエスは神に対してしばしば人格的な相手として「父よ」と呼びかけ、私たちにも「父よ」と呼ぶよう教えられました。神ははるか遠い天に神々しい仕方でいます方であると同時に、むしろ私たちが親愛をもって「父よ」と呼ぶことができる方です。この言葉は詩編三一編六節の言葉で、

まことの神、主よ、御手にわたしの霊をゆだねます。

とあります。この言葉について旧約学者のヴァイザーは「神の意志への帰依は諦めの宿命論とは無縁であ

る。彼は自分をゆだねる相手を知っている」と言いました。神こそ私たちを支えてくださる堅固な拠り所であることを知っているのです。この言葉はユダヤの人たちの夕べの祈りの言葉であったそうです。一日の夕暮れにこの祈りをささげ、暗い夜を迎えたのです。主イエスも幼い頃より、この祈りをささげて夜を迎えられたことでしょう。無力さが極まる眠りの時、神にゆだねるほかないのです。

こうして今やイエスは十字架の上でこの言葉を口にされたのです。「手」は支配、力、摂理、守りということで、無から有を造り出す天地の創造者の手、イエスを死人の中から甦らせた永遠の命の手です。「ゆだねる」という言葉の原意は「傍らに置く」で、私は素晴らしい意味であると思っています。「ゆだねる」とは私を神のそば、傍らに置き、神と共にあることです。私たちはいつも神から離れ、自分で何とかしなければと思い煩い、焦燥感を抱き、ついにどうにもならずに絶望してしまいます。しかし私を愛し、命を与えてくださる神のもとに、わたしの霊、すなわち私自身を置き、神の全能の支配の中にまかせる時、平安が生まれるのです。こうして「ゆだねる」ということは、主を仰ぐということでもあります。

水野源三さんの「主イエス様」という詩があります。

罪に泣きかなしむ心よ／主イエス様を仰げよ／主イエス様を仰げよ／そうすれば罪より救われる
道に行きづまった心よ／主イエス様を仰げよ／主イエス様を仰げよ／そうすれば道が開かれる
希望を見失った心よ／主イエス様を仰げよ／主イエス様を仰げよ／そうすれば希望があふれる

十字架上のイエスの言葉を口にしつつ臨終を迎えた人は多く、たとえばスミルナの主教ポリュカルポスは、ローマで殉教した時、また宗教改革者のルターもこの祈りを口にして息をひきとったと言われています。私たちは生きる時も死ぬ時も、ゆだねる相手を知っているということは、大きな支えであり慰めなのです。

願望に対する答え

人はだれでも祈りや願いをもっています。神や仏を信じないという人でも、祈りの対象がわからなくても、何かに祈り、願っているのではないでしょうか。しかし祈りや願いは聞かれるのでしょうか。

ところがヨハネによる福音書一五章七節で、イエスは、

あなたがたがわたしにつながっており、わたしの言葉があなたがたの内にいつもあるならば、望むものを何でも願いなさい。そうすればかなえられる。

と語られました。「何でも願いなさい」と言うのです。何を願ってもいいのです。人の前で自分の願いを公にすると、「とんでもない」と批判の集中攻撃を受けるでしょう。しかし神の前には何を祈り願ってもいいのです。すると「望むものはかなえられる」というのです。「求めなさい。そうすれば、与えられる」（マタイ七・七）という有名な言葉もあります。ただここでは「かなえられる」とあり、生じる、実現する、生起するというのです。私たちはみな自分の願望を実現しようとして努力しています。しかしもし自分の願いを貫くなら集団や社会は大変なことになるかもしれません。個人と個人、集団と集団、国と国とが互いに自分の意志を貫こうとするなら、互いに火花を散らし合い、時には紛争や戦争にまでなっていくのです。だから私たちの望みが簡単にかなえられてよいはずはありません。

そこで祈願や願望がかなえられるためには条件が必要だというのです。主イエスに「つながっており」、主イエスの言葉が私たちの内にいつも「あるならば」（原文では「つながる」という言葉です）、かなえられると

いうのです。主の命の言葉が留まり、根づいて生かされること、そうすれば望むものはかなえられるのです。

内村鑑三の「聴かれざる祈祷」という文章があります。最愛のひとり娘ルツ子さんが病気になった時、癒されるよう、来る日も来る日も懸命に祈りました。医者がサジを投げた時も、「自分は祈りで癒してみせる」と言って祈り続けました。息を引き取る最後の瞬間まで、治ると信じて疑わなかったのです。しかし奇蹟は起こらず、ついに亡くなってしまったのです。十七歳でした。どっと疑いの波が押し寄せてきました。なぜ祈りが聞かれなかったのか、自分の罪が深かったのか、信仰が足りなかったのか。そのように悩み続けました。しかしやがて疑いの夜を突破し、「余の懐疑の夜は短くあった。朝はじきに来た。余は涙ながらに喜びうたた」と語りました。いよいよ土葬するため柩の上に土がかけられた瞬間、「ルツ子さん万歳」と叫んだのです。なぜなら娘は主によって甦ることを信じたからでした。こうしてその死をとおして、一段と深い信仰に導かれ、聞かれない祈りには更に勝る祝福があることを知ったのです。

私たちの願うことがそのままに聞かれるとは限らず、聞かれないことばかりです。しかし神は私たちにとって何が大切であるかを知り、そのためにもっと良き道を備えてくださっているのです。それは最も深い意味で祈りが聞かれたことを意味しているのです。私たちは真剣に徹底的に祈ることが大切なのです。そうすれば必ず答えが与えられるのです。

フォーサイス著『祈りの精神』の中に、「祈りに対する完全な答えは、答えるお方である」とあります。神ご自身が祈りに対する答えなのです。むしろ神が独り子としてお与えくださった主イエスの中に、その十字架と復活の中に答えがあるのです。神は「御子と一緒にすべてのものをわたしたちに賜らないはずがありましょうか」（ローマ八・三二）という言葉を噛みしめてみたいものです。

遠くて近い神

現代人は神はいるのかいないのかを問います。実際に本気で神を信じている人は少ないのではないでしょうか。とくに問題や苦難に遭遇すると「神も仏もあるものか」と思うものです。

詩編一〇編の詩人にとっては、神の存在は疑う余地のない当然のことでしたが、問題はその神が自分の近くにおられず、遠くにおられるのではないかということでした。神との隔絶や遠隔、神との隔たりが深刻な問題だったのです。一―二節に、

主よ、なぜ遠く離れて立ち　苦難の時に隠れておられるのか。

貧しい人が神に逆らう傲慢な者に責め立てられて　その策略に陥ろうとしているのに。

とあります。この世は不条理で矛盾にみちています。戦争、飢餓、天災や人災、思いがけない事故、政治的圧迫などがあり、また病気や災難があります。詩人も問題の渦中にあったようで、「主よ、なぜ遠く離れて立ち」と叫ぶのです。

二十世紀のユダヤ教の神学者・哲学者マルティン・ブーバーは「神の蝕《しょく》」と言いました。日蝕は太陽と地球の間に月が邪魔をして、太陽の光を遮ることです。太陽は輝いているのに、遮るものがあって、光や熱が届かないのです。そのように今日は、神の蝕の時代であるというのです。さらに「神の蝕という事態の出現、これこそわれわれが生きている世界の時のしるしである」と言いました。神はきのうも今日も永遠に生きておられるのです。存在されているのです。しかし神の命と光と恵みが届かないようにしているのは、実は私

たちの罪なのです。人間の罪が神と人間の間を遮っているのです。

しかしやはりこの世の矛盾と不条理の現実を見ると、神はいるのかという深刻な問いが生まれます。エリ・ヴィーゼルは一九二八年生まれのユダヤ人で、四四年にアウシュヴィッツの強制収容所に入れられ、翌年、戦争終結により幸いにも解放されました。その後文筆活動を続け、一九八六年にノーベル平和賞を受けています。この人の作品の中に『夜』というのがあります。これは彼が十五歳の時に収容所で体験したことを書いたものです。

ボーベルカポというユダヤ人が破壊活動をしたということで捕らえられ、アウシュヴィッツの強制収容所に入れられましたが、消息不明になったため、彼の幼い子のビーペルも処刑されることになったのです。二人の男と共に絞首刑にされる時、それを見ていた人の中で、「いったい神はどこにおられるのだ」と尋ねる声がしたのです。強制収容所で何の罪もない子どもが、なぜ残酷にも殺されるのかと問われたのです。しかし彼は「心のなかで、ある声がその男に次のように答えているのを感じた。『どこだって。ここにおられる――ここに、この絞首刑に吊るされておられる』と」。

天の神はもともと超越する方として、私たち人間には遠い存在でした。しかしこの世に最愛の独り子イエス・キリストを与えてくださいました。それだけでなく十字架に引き渡され、御子が苦しみの極みを経験されたのです。まさに神は苦しむ人間と共にいてくださる方となられたのです。絞首刑はもちろん残酷な刑罰ですが、十字架ほど悲惨で残酷な刑罰はないと言われます。イエスはその刑罰を受けられました。まったく罪なき永遠の神の独り子である主イエスは、無辜《むこ》の者が絞首刑にされているその場におられるのです。ここに矛盾と不条理に勝利する永遠の命の世界があるのです。神は生きておられるのです。

主の名によって

私たちが苦しみの中にいる時、どうすればよいのでしょうか。ヤコブの手紙五章一三節には、

あなたがたの中で苦しんでいる人は、祈りなさい。

とあります。これは直訳すれば、「あなたがたの中でだれか」です。大勢いる人たちの中で、まずだれか個人のことを問題にしています。十把ひとからげにではなく、人格的・パーソナルな関係を大切にしているのです。ここでは教会の中でだれか苦しんでいる人がいればということですが、教会の内にも外にも、多くの人が苦しんでいます。日本にも世界にも多くの人が地を這いまわるような苦しみを経験し叫んでいます。しかし神はその叫びを全身を耳にして聞いておられるのです。

私たちの人生は苦しみに満ちています。しばしば苦しみのどん底に突き落とされ、どうあがいても抜け出すことができないことがあります。そこでヤコブは「苦しんでいる人は祈りなさい」と言っています。しかし苦しみの渦の中では、なかなか祈れないものです。そこで続く一四節では、

あなたがたの中で病気の人は、教会の長老を招いて、主の名によって……祈ってもらいなさい。

とあります。「長老」というのは人生経験が豊かで、立派な人という意味ではありません。何よりも自分の無力を本当に知っている人です。だからこそ神に助けを求めるほかない人のことです。しかも人を助けることのできる自立した人のことを意味しているでしょう。ここでも原文では「あなたがたの中でだれか」とあります。病人一般ではなく、だれか、あの人この人を問題にしているのです。

しかもこのだれかの状況が、単にその人の事柄であるだけではなく、あなたがた一同の問題だということが、「あなたがたの中の」という言葉で明示されています。だれかが苦しみ、あるいは病気であるということは、その人にとどまらず、あなたがたが共に負うべき重荷であり、共同体全体に関わることであるというのです。だれかが泣けば共に泣き、苦しめば共に苦しむのです。これがキリストに結ばれた神の家族の本来の姿です。むしろ今日、教会という枠を超えて、困難の中にある人たちと共に生き共に苦しみ支え合うことが、主イエスの心に生きることです。

同時に大切なことは自分の無力を知って、「主の名によって」祈り、また祈られることです。そこに生ける主が現在されるからです。困難の中にある人を覚えて「主の名によって」祈ることにより、十字架の愛の主が悲しみと苦しみの中にある人たちを守り、助けてくださることを確信するのです。イエスは十字架の上で、人間の苦しみや悲しみを負いながら、「疲れた者、重荷を負う者は、だれでもわたしのもとに来なさい。休ませてあげよう」（マタイ一一・二八）と言われるのです。

東日本大震災の時、ある人が次のように言いました。「まずは自分の無力さを認めるところからしか始められないのではないか。一人では無力だが、だれかと一緒なら何かできるかもしれないと思った時、初めて希望が湧いてきた。その際、自分の人生に起こった出来事と、他の人の人生に起こった出来事を混ぜてしまうと、自分を失い、真の支援が出来ない。苦しんでいる人と一緒に落ちていっては、相手の助けにならない。共に泣く、共に悲しむということとは違う話である。被災者がいま何を求めておられるかを知る冷静な頭を持つことも大切なのではないか」。

冷静に考えつつ、「主の名によって」心を燃やして共に祈りたいものです。

償いの贈りもの

その時には気がつかなくても、自分の行ったことがこんなにも相手を傷つけ、激しく怒らせ、憤らせるような重大なことであったことに、後になってから気づくということがあります。

創世記にエサウとヤコブという双子の兄弟の物語があります。彼らは長子の権と祝福をめぐって争い、弟ヤコブが兄をだましてそれを奪ってしまうのです。エサウは憎悪と殺意を抱き、ヤコブは逃亡することになります。二十年という逃亡生活の間に家族もでき、多くの財産をもつことになります。こうしてヤコブは故郷に帰ることになるのです。二十年もたったので、兄もゆるしてくれているだろうと思いつつも、故郷に近づくにつれて不安がよぎり、兄の復讐を心配し、恐れて苦悩するのです。しかし彼はこのような不安と窮地の中で神に祈り、人生を振り返り、神の不思議な恵みを数えながら感謝するのです。「逆境に直面して祈るのは、すでに神の介入があればこそできることなのです。祈りは、いつの時にも、恵みの賜物です。とりわけ、逆境の時の祈りはそうです」（W・リュティ）。

このような祈りの中で、新しい人生の方向性、知恵と方策が生まれるのです。それは自己主張をして争う道ではなく、自分の罪を認めて、赦しを求める和解の道だったのです。それは具体的にはたくさんの立派な家畜を「贈り物」とすることでした。三二章二一節に、

　贈り物を先に行かせて兄をなだめ、その後で顔を合わせれば、恐らく快く迎えてくれるだろう……

とあります。「なだめる」の原語の「カーファル」には、償う、贖う、赦す、覆うなどの意味もあります。

「贈り物」によって兄の激しい怒りと憤りをしずめ、なだめて赦しを得たいと思ったのです。そのためには莫大な贈りものが必要でした。贈りものなしに赦してほしいというのは虫がよすぎる話で、赦しには具体的な代価・代償が必要だと考えたのです。

かつて駅のホームで二人の青年がある男性を殺すという事件の裁判があり、裁判長は十分に反省していない二人の被告を、さだまさしの「償い」という歌を引用し諌めたということがありました。次のような歌です。ある青年が配達帰りの雨の夜に交通事故で人を死なせてしまいます。被害者の妻は「人殺し、あんたを許さない」とののしりました。彼はその足元で泣きながら、頭を床にこすりつけるばかりでした。それ以来、彼は大きく変わり、償いきれるはずもないと思いつつ懸命に働き、毎月、仕送りを続けるのです。やがて七年目に初めて被害者の妻から「あなたの優しい気持ちはよくわかった。もう送金はやめてください」という便りが届いたのです。彼はその返事を喜び、繰り返し「ありがたくて」と語るのです。最初からの経緯をずっと知ってきた「僕」は思わず、「神様」と叫び、彼は許されたと思っていいのですか、と問いかけます。おそらく来月も郵便局へ通うであろうやさしい人を許してくれてありがとう、と。

私たちは刑に問われるほどの大きな罪を犯したことはないと考えます。でも、自分の気づかないところで、だれかの恨みや憎しみを買っているかもしれません。むしろ見えない神に対して大きな罪を犯し、神を怒らせているのです。神の逆鱗に触れています。旧約聖書の人たちはそのことをよく知り、贖いの供えものをしていたのです。しかし人はとうてい償いきれません。どんな代価を払っても神をなだめることはできないでしょう。そこで主イエスは十字架にかかって自分を贈りものとし、神をなだめて人類の罪を贖ってくださったのです。この十字架の愛のゆえに私たちは罪が赦されたと信じるのです。何という大きな恵みでしょうか。

暗夜行路に光さして

「一寸先は闇」という言葉があります。未来のことは目前のことであっても、どうなるかわからないというのです。私たちは実際に目の前が真っ暗になるという経験をすることもあります。神谷美恵子著『生きがいについて』には、その当時は終身強制隔離されていたハンセン病を宣告された人たちの心境についての聞き取りの中で、ある人は「前途が真暗な世界に閉ざされた」、またある人は「眼前が真暗になって行くような恐怖と絶望を感じました」、さらにある人は「世の中が真暗になり、すべての人生設計が破壊されてしまった」、さらに別の人は「深い谷底につき落とされた感じ」などと答えられたと書かれています。これらの人に共通しているのは「暗闇」ということです。私たちも人生のどこかで、このような経験を避けることができません。むしろ私たちはすでに今も深い暗闇の中にいるのではないでしょうか。

しかし主イエスはヨハネによる福音書八章一二節で、

わたしは世の光である。わたしに従う者は暗闇の中を歩かず、命の光を持つ。

と言われました。光はもともと人間にとって救いを表すシンボルでした。旧新約聖書をとおして、神の救いが光として表現されているところは、枚挙にいとまがありません。最初に神が沈黙を破って、混沌《こんとん》と暗闇の中で発せられたのも、「光あれ」という言葉でした（創世記一・三）。また詩編二七編一節には「主はわたしの光、わたしの救い　わたしは誰を恐れよう」とあります。またヨハネ福音書一章五節に「光は暗闇の中で輝いている」とありますが、これについてある人は「闇が闇として、実在として認識されている。この暗黒がまさに実在しているからこそ、この世にさし始めた光が、光としていよいよ輝きを放ち、わたしたちに大いなる希望と慰めをもたらすのである」と言いました。今、人生の闇を経験している者にこそ、まことの光がさしこみ、光の中を歩むことができるのです。

私は若い日に、自分は闇の中を歩んでいると感じていた時、その題にひかれて志賀直哉著『暗夜行路』を読んだことがあります。時任謙作は東京で母と祖父の過ちで生まれます。それを知らず、祖父の愛人であったお栄という女性に身の回りの面倒を見てもらっていましたが、小説の仕事が進まず、深刻な孤独感に襲われた時、お栄と結婚しようとします。しかし出生の秘密を明かされ、結婚をあきらめ、ますます落ち込んだのです。やがて京都で直子という女性と出会い結婚しました。しかし幸福を感じたのも束の間、生まれた子どもはまもなく死んでしまい、自分は何かに呪われているように感じたのです。さらに留守の間に直子は従兄弟に辱められ、謙作は理性では許そうとしますが感情が許さず、直子は悲しむことになります。彼は転機を求めて大山の天台宗の道場に行き、十日ほど滞在している間に心の落ち着きを取り戻します。しかし病気になってしまい、重篤の知らせに直子が駆け付けた時、「自分はこの人を離れず、何処までもこの人に随いていくのだ」と切に思いつづけたというところで終わります。そこに小さな光がさしこんでいるように感じられました。

私たちも暗夜行路、罪の闇路や迷路をさまよっています。しかし世の光なるイエスが私たちを照らしてくださるのです。それはイエスに従うことによって経験することができるのです。「わたしに従う者は暗闇の中を歩かず、命の光を持つ」という服従への勧めの言葉は、トマス・ア・ケンピスの『キリストにならいて』の冒頭に引用されています。キリストにならって生きる時、永遠の命の光に照らされるのです。

祈られている喜び

スポーツでも何事でも、選考に入るかどうかは重大な問題です。私は中学生の頃、野球部に属していましたが、三年生になってやっとレギュラーに選ばれ、たいへん嬉しい思いをしたことがあります。そのためには自分の素質や努力が大きく関係してきます。ところがヨハネによる福音書一七章の「イエスの祈り」の中で、

世から選び出してわたしに与えてくださった人々に……　（六節）

とあります。直訳では「世からわたしに与えてくださった人々に」ですが、「選び出す」と訳されている意味は大切です。ここには「わたしがあなたがたを選んだ」（ヨハネ一五・一六）というイエスの言葉が響いているのです。聖書には選びという思想がありますが、選びは人間の功績や努力によるものでも、価値を基準とするものでもありません。主は「すべての民の中からあなたを選び、御自分の宝の民とされた。主が心引かれてあなたたちを選ばれたのは、あなたたちが他のどの民よりも数が多かったからではない。あなたたちは他のどの民よりも貧弱であった」（申命記七・六―七）とあり、主の愛のゆえに救い出されたとあります。イスラエルは最小民族で、大国主義の立場からは選ばれる何の資格もなかったのです。イスラエルが選ばれたのは、ただ一方的な神の愛、弱く貧しい者を選ぶ神の恵みによったのです。「心引かれて」はもともと俗っぽい言葉で、男が女に心奪われ、惹《ひ》きつけられることです。神が小さい民を恋い慕うというのです。だから神の選びは自分と他の人を比較して優越感に浸るような選民思想やエリート意識にはならないのです。

ここでは主イエスは罪深く弱く貧しい弟子たちを選び、この人たちのために祈られるのです。一七章には「お願いします」と繰り返されています（九、一五、二〇節）。イエスは弟子たち、すなわち私たちのため、私たちに代わって、仲介者として神に必死で懇願してくださるのです。

関屋綾子著『一本の樫の木――淀橋の家の人々』において、初代文部大臣で暗殺された祖父・森有礼と祖母・寛子、寛子の父・岩倉具視、牧師であった父・森明と母・保子、そして兄で哲学者・フランス文学者であった森有正などについて書かれています。とくに祖母について「いちばん変らぬ生活の基調として思い出されるのは、その毎日の祈りの姿であった。様々な変遷の中にも常に変わらずその一事が貫き通されていたという事に人間の創り出す無形の強靭な存在感の様なものを感じるのである。朝、夕、夜、そして悶々として眠られぬ夜中のねぎごとの時をも数えれば、一日に少なくとも四、五時間は正座して瞑目し、神の前に出ていたのである」と述べられ、幼少のある時、夜中に何人もの名前と、その一人一人について、こと細かに神に訴え救いを求めている祖母の祈りの声に全身をゆさぶられるような経験をされたのです。かくて「心を込めて自分以外の人のために神様にお願いをすること、そしてそれを神様はおききになるであろうという自然なおもい。それが自分にも出来るのだという事、つまり代祷《だいとう》の意味の現実性と真実性が私の心の中に生き生きとそそがれた瞬間であったように思う」と述べられています。

私たちの間でも懸命に祈ってくださる人がいるのです。だれかに祈られているのです。私たちはだれかのために祈ることでその事実を知ります。ましてや十字架の死を遂げるほどに愛してくださった主イエスが祈ってくださらないはずはありません。大きな喜びです。私たちは「代祷」によって支えられていることを知って魂が揺さぶられ、他者や世界のための「代祷」へと促されているのです。それは大きな恵みなのです。

Ⅵ　新しい希望の船出

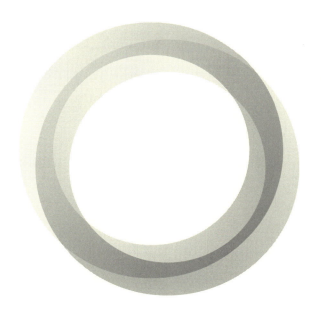

救いのミステリー

ミステリー・ドラマをハラハラ・ドキドキしながら観ることがあります。いろいろと推理しますが、思いがけない意外な結末となることもあります。

この「ミステリー」の元になっている言葉が聖書にあります。

秘められた計画が啓示によってわたしに知らされました。（エフェソ三・三）

「秘められた計画」と訳されている言葉は「ミュステーリオン」で、これから「ミステリー」という言葉が出てきました。不思議、謎、神秘、さらに奥義などと訳されます。奥義は「最も重要で難解な事柄」です。「秘められた計画」はミステリーですから確かに難解な事柄です。しかし私たちの人生における最重要な課題なのです。九節にも「秘められた計画」という言葉が出てきます。ここでは「秘められた」はミステリーですが、「計画」と訳されているのは「オイコノミア」です。この言葉から「エコノミー」という言葉が出てきました。この言葉には経済、財政、節約などの意味と同時に、天の配剤、摂理、神の計画などの意味もあるのです。「オイコノミア」にはもともと家の管理や務め、家事の支配などの意味がありますが、世界を一つの家とすると、神の世界管理、支配、配剤、摂理、計画ということになると同時に、私たちがそれに巻き込まれて、与えられた務めを果たすことをも意味するのです。

神はこの世界を創造されただけでなく、今も導き、私たちを愛し、ついに救いに至らせられるというのが、神の壮大な計画、恵みの摂理です。しかも神はキリストの福音によって、隠された計画を啓示されたというのです。その計画とは、神の救いや恵みとは無関係と思われていた者が、神の約束を共に受け継ぐ者となるということです。主イエスの十字架と復活によって救いが全世界に波及していくという驚くべき神の計画です。ハラハラ・ドキドキするような救いのミステリードラマとでも言うべき出来事が、暗いこの世において進行し、展開しているのです。

国立ハンセン病療養所邑久《おく》光明園にある光明園家族教会の元牧師・津島久雄牧師は静岡県で生まれ、十二歳の時にハンセン病を発病しました。特効薬もまだなかった当時、両親は「このことが世間に知れたら、この家に来る嫁もいないし、ここから嫁に行くこともできない」と、ひた隠しにして、先生はひとり深い悲嘆と絶望の中、光明園に入園されました。しかしやがてキリストに出会い、十七歳の時に洗礼を受けて救われ、長島聖書学舎で学んで伝道者となり、長く家族教会の牧師を務めてこられました。

先生は説教集『悩みの日にわたしを呼べ』の中で「いろいろなことがありましたが、わたしの生涯は悔いの多い、損をした生涯ではなく、素晴らしい賜物をいただいた生涯であったと思います」と書いておられます。それはイエス・キリストに出会ったことに尽きるでしょうが、多くの祈りの友との出会いなど、思いがけない恵みに満たされたというのです。国の間違った隔離政策によって、ハンセン病患者は家族や故郷と絶縁し、社会からも遮断されてきました。しかし先生は神の救いの計画の中に生かされ、恵みの務めを果たして生きてこられたのです。

私たちの人生も神のミステリー、救いの計画、愛の摂理と配剤の中にある自分を発見することができるのです。だから私たちそれぞれに与えられた小さな務めを果たしつつ歩みたいものです。これからどのようになるか推理してもわかりませんが、意外な結末、むしろ素晴らしい結果となるよう確信したいものです。

言葉の分岐点

「口は禍《わざわい》の門」とか「沈黙は金」など言葉に関する諺《ことわざ》はたくさんあります。私たちがいつも言葉で過ちを犯しているからでしょう。箴言一二章一八節に「軽率なひと言が剣のように刺すこともある。知恵ある人の舌は癒す」とあります。私たちが何気なく語った言葉が人の心に剣のように、矢のように突き刺さるというのです。言葉にはそのような力があるのです。ある人が軽く語った言葉が私たちの心に刺さり、ひどく傷つき、致命傷になることもあります。言った人はすっかり忘れているのに、言われたほうは忘れることができないのです。大きな衝撃・ダメージを受けます。言いかえれば私たちが語る言葉が、いつの間にか人に大きなダメージを与えているかもしれないのです。言ったほうは覚えてもいないし、重大にも思っていなかったことが、相手にはグサリと心に突き刺さるのです。言葉にはそのような恐ろしい力があります。

だからヤコブの手紙三章八節には、

舌を制御できる人は一人もいません。舌は、疲れを知らない悪で、死をもたらす毒に満ちています。

とあります。この言葉の少し前の五―六節で「御覧なさい。どんなに小さな火でも大きい森を燃やしてしまう。舌は火です。……」と語られています。小さな火と大きな森の鋭いコントラストがあり、舌のもつ大きい力、魔力が語られています。「マッチ一本火事のもと」と言われるように、小さな火が大きい森を燃やしてしまうのです。人間は地震や台風や火山など、自然の大きな力の前にまったく無力であることをいつも経験してきましたが、やはり自然を制する側面もあります。また権力者が世界を統治することもあります。

しかしたとい自然や世界を支配できる者であっても、自分の小さな舌をコントロールできず、ふさわしい言葉を語ることができないのです。

また舌の罪悪性が強調され、舌は疲れを知らない悪、死をもたらす毒に満ちていると言われています。舌についての鋭い洞察がなされているのです。事実私たちは舌で人を傷つけ、苦しませ、死をもたらせるものであることをわきまえておかねばならないのです。

ところが使徒言行録二章三―四節に、

炎のような舌が分かれ分かれに現れ、一人一人の上にとどまった。すると、一同は聖霊に満たされ、〝霊〟が語らせるままに、ほかの国々の言葉で話しだした。

とあります。これは聖霊降臨日に起こった不思議な出来事です。愛の炎として、一人ひとりに新しい舌が与えられ、心を通わせることができるようになったのです。ただ上からの聖霊、神の導きによって私たちの舌が神を賛美し、人を祝福するものとされ、新しい言葉を語り始めたというのです。

三浦綾子著『小さな一歩から』の中で「言葉は力である、と私は思う。一言がその命を奪うこともあれば、受けた人の人生を変えることもある。『舌先三寸で人を殺す』という言葉を、幼い頃からよく聞いたものだ。言葉というものは理不尽なほどに人間を動揺させ堕落させ、非情に走らせるかと思うと、奇跡のように甦らせ、向上させ、意欲を与えるものである。……人間の言葉は、本来おざなりであったり、真赤な虚偽であったり、裏切りであったりしてはならないのだ。人を力づけ、慰め、励まし、希望を与えるものでなければならない。いつもそのような真実な言葉を出せたらと思う」と語られています。

言葉は人を生かしもするし殺しもするのです。私たちはいつもその分岐点に立たされているのです。

神の愛の芸術品

私たちはみな自分はだれか、どこに属しているのか、生きる意味や使命はあるのか、いわばアイデンティティーの問題についてしばしば悩むものです。エフェソの信徒への手紙二章一〇節に、

わたしたちは神に造られたものであり、しかも、神が前もって準備してくださった善い業のために、キリスト・イエスにおいて造られたからです。

とあります。「神に造られたもの」は「神の作品」とも訳されます。神の手による命の芸術品、神の手造りの作品です。神が愛と心と力をこめて造られた存在です。規格品ではなく、一人ひとりユニークで個性的な存在、尊くかけがえのない愛の作品なのです。

三浦綾子著『銃口』には、北村竜太が召集を受けて満州で軍隊生活を送る場面があります。捕虜になるか自決するかの問題が起こった時、山田曹長は「この自分がこの世に生を受けるためには、どの位の年数がかかっていると思うかね。……人間は何万年か何十万年か知らないが、生まれ替わり死に替わりして、ようやくこの自分がある。それを思うと、おれは自分一人の命などとは、おこがましくて言えない気がするんだ」と語ります。そこで「竜太は、じっと自分の手を見つめた。この自分が生まれるためには、無数の人々の人生があった。幸せに生きた人もいようが、死にたいほどの苦しみを、歯を食いしばって堪え忍んだ人もいたにちがいない。もし父が結婚もせず少年の時に死んでいたら、この自分はいなかった。同様に、何代か前の女性が若死にしていても、自分はこの世に生を受けることはなかった。これは大変なことだと、竜太は思っ

た」というのです。これは非常に感動的な場面です。

今日まで地球上に無数に多くの人が生まれてきましたが、だれ一人として同じ人間は存在しなかったのです。すべての人はかつて存在せず、これからも存在しない固有な存在なのです。私たちは時に自分なんかいてもいなくてもいいと思うことがあります。だれでも人の世話にならねばならない時には、生きていて何になると思うことにもなります。しかしいかなる人であれ、どのような状態であっても、私たちは神によって創造された美しい作品、独り子イエスによって贖われた尊くかけがえのない存在なのです。存在そのものが神にとっては大きな喜びなのです。

同時に神によって備えられた善き業を行うために、人は造られ生かされているのです。ある月刊誌にテノール歌手の新垣勉さんが紹介されていました。この方は沖縄の米軍兵士の父と地元の母との間に生まれましたが、生後まもなく失明し、一歳の時に父は帰国、母は再婚して祖母に育てられたのです。その事実を知った中学生の時、祖母は亡くなり、自分は天涯孤独となるのです。父母を恨み自分の障碍を呪い、命を絶とうともしました。高校生の時、自分の苦悩を聞いてくれる牧師と出会い、讃美歌にひかれ、牧師になろうと神学校に進みます。未来が開かれたと思ったものの、やはり過去を恨む自分がいて、自分の存在価値が見いだせなかったのです。ところが狭心症という死の危機に襲われ、幸い命をとりとめた時、「これからの人生は神様からもらった新しい人生だと思えた。たいしたことはできないけれど、平和のメッセージを歌うことに自分の意味があると思えた」というのです。そして、自分に与えられた独自の使命に生きておられます。

私たちも決して大きなことはできなくても、今どのような境遇であれ、こうして生かされているということは、ほかのだれもが代わることのできない自分なりの務めや使命が与えられているに違いありません。

命の相続人

「子孫に美田を残さず」という諺《ことわざ》があります。子孫が親に頼らず、自立した人間になるようにということでしょう。これは遺産を残すことができない私たちの、自分を納得させるための言葉でもあります。

ところがエフェソの信徒への手紙一章一一節には、神からの遺産があると語られています。すなわち、

キリストにおいてわたしたちは、……約束されたものの相続者とされました。

とあります。興味深いことに「相続者とされる」の原語には「くじで割り当てて所有する」という意味があります。スポーツの対戦相手はくじで決定されます。くじによる決定は人間の思いや願いが反映されず、自分を越えたものによるのです。運命的ということになります。しかしここで「相続者とされる」ということは、神による所与性が意味されているのです。自分の意志によるのではなく、神の一方的な恵みによって相続者とされるという喜びのメッセージなのです。

かつてイスラエルの十二部族は神様の約束された地で土地（嗣業）の配分をする際、くじ引きをするように命じられました。ところがレビ部族だけはこのくじに加わりませんでした。出エジプトの時から神と民との仲介者・祭司として神に仕える務めを行うことになっていたからです。しかし詩編一六編五―六節に、

主はわたしに与えられた分、わたしの杯。主はわたしの運命を支える方。
測り縄は麗しい地を示し　わたしは輝かしい嗣業を受けました。

とあります。「嗣業」とはもともと土地を意味していましたが、相続する資産や財産、ここでは神に仕え

て生きることが意味されています。神に仕えて生きることが最高の喜び、人生の宝物だというのです。

神谷美恵子著『生きがいについて』の中にある「運命というもの」という文章の中に、「運命とは、単に外側から人間の上にふりかかって来るものだけを意味するのではない。同じ打撃でもその受けとめかたがちがい、その影響のしかたがちがう。……人間の意志を超えた力があるひとの生活史に作用するとき、それがどのような意味を持つかということは、そのひとがそのことにどのような意味を持たせるかということである。つまりこれは、そのひとの独特の創造であるともいえる」と語られています。

人生には人の力の及ばないところがあります。それぞれに厳しく冷酷な運命があります。しかし神はそれぞれの運命を支え、意味を持たせてくださる方なのです。レビ人には嗣業の地はありませんでしたが、神が分与された財産として、神に仕えることを最高の喜びとして受け止めたのです。

私たちも人生を自分で決定することはできません。幸・不幸という運命に翻弄されます。本当に不平等、不公平だと感じることがあります。しかしある国の諺に「死、これだけはすべての者が受け継ぐ財産である」とあるそうです。死は厳しい現実です。死こそ人間の意志を超えた決定的な力です。しかしこれをどのように受けとめるかは、一人ひとりの人間の自由で、そのことによって「生活史に作用する」、まさに良い方向にも悪い方向にも働かせることができるのです。神の恵みは人間の自由の中に働くのです。私たちはキリストにおいて、永遠の命を受け嗣ぐ相続者とされたのです。避けえない死の運命を担っている私たちがこの約束に生きる時、一人ひとりに「独特の創造」が起こるのです。親は子に何かを残したいと願いつつも、なかなか困難です。しかし神は燃えるような思いをもって、私たちに決定的なものを残してくださるのです。主の十字架と復活において、私たちを永遠の命の相続人としてくださったのです。

恵み深い結末へ

人は自分では気づかないところで、たいへんな罪や過ちを犯していたということがあります。あとから指摘されてその重大さに気づくのです。そのことを思い出すと恥ずかしくて仕方ない。心が痛む。そのようなことがだれにでもあるのではないでしょうか。

創世記のヨセフ物語において、ヨセフは両親や兄たちが自分の前にひれ伏すという夢を見て語ったので、兄たちの憎しみを買うことになります。そこでエジプトに奴隷として売られ、また奸計《かんけい》により長く囚人として過ごすことになったのです。ところがやがて豊作と飢饉についての王の夢を解いたので宰相に任じられ、その政策によって人々を飢饉から救うことになったのです。さらに飢饉に苦しむ兄たちが食糧を求めてエジプトにやってきて、それと知らずヨセフに対面するのです。

ヨセフは創世記四五章四―七節で、宰相になっている自分の身を明かし、

「わたしはあなたたちがエジプトへ売った弟のヨセフです。しかし、今は、わたしをここへ売ったことを悔やんだり、責め合ったりする必要はありません。命を救うために、神がわたしをあなたたちより先にお遣わしになったのです。……この国にあなたたちの残りの者を与え……るためです。……」

と言いました。まず「あなたたちが売った」と言って、兄たちの罪と過ちを鋭く指摘しています。そのためにヨセフはエジプトで大変な苦労をしたのです。

しかし「遣わす」とあることが大切です。兄たちが「売った」という罪の事実を明らかにしつつ、その中

にも神の計画が隠されていたというのです。ヨセフをエジプトに導いた本当の主人公は、神ご自身であったというのです。神がヨセフを遣わされたのです。兄たちの過ちが見過ごしにされるわけではありませんが、兄たちの罪や過ちをも用いて、神はヨセフをエジプトに遣わされ、人々の「命を救うため」に歴史に介入されるのです。まさに「人間の罪のあらゆる縺《もつ》れ合いをも越えて、恵み深い結末へ導こうと望んでいる、神の手」（フォン・ラート）があったのです。こうして「残りの者を与え」とありますが、私たちも「残りの者」として生かされているのです。

四竃揚編著『平和を実現する力——長女の死をめぐる被爆牧師一家の証言』は、広島教会牧師であった四竃一郎牧師一家の証言です。広島女学院の生徒であった長女は被爆後一か月で亡くなりました。弟の揚少年は中学生でしたが、その朝、爆心地に近いところで、勤労動員の作業をすることになっていました。しかし集合場所から中学校に戻って、作業のことを知らない生徒に知らせるよう伝令に行かされることになり、爆心地からより遠い中学校に引き返していきました。これが生死の分かれ目となり、ほとんどの友人が亡くなり、自分は生き残ったのです。このことは大きな問いとなり、「私が生きて何かしなければならないことがあるからこそ、神さまは私を生かしてくださったのだ」と思うようになり、いろいろな経緯を経て、お父様と同じ牧師になる決意が与えられたと語られています。

なぜあの人は死に私は生き残ったのかと自問自答します。それは「代理」なのです。他者の苦しみや死は私に代わってという意味をもつのです。ヨセフの苦しみも世界を飢饉から救うための代理であり、まさに主イエスの十字架の死こそ、人類を罪と破滅から救うための代理であり、「残りの者」が生き永らえ、大いなる救いに至るためなのです。私たちは残りの者として「平和を実現する」ために生かされているのです。

心の一隅で神に

人はみなひとりです。ひとりで生まれ、ひとりで働き、ひとりで苦しみ、ひとりで重荷を背負い、ひとりで病気をし、ついにひとりで死んでいくほかありません。そこでパスカルは「人が死ぬ時はひとりであろう。だから、人は、自分がひとりであるように行動しなければならない」と言いました。死を覚えることは縁起がわるいことなのではなく、そのことによって、生きる意味を発見し、新しい生き方が生まれるのです。

私たちは多くの人と共に生きていますが、やはり人はひとりであり、孤独であるということを痛感します。聖書において最初の人アダムも、はじめはひとりでした。しかしひとりであることを覚え、孤独であることが極まるところで、人と共に生きる大きな喜びを知ることができたのです（創世記二・一八―二五）。人との出会いだけではなく、旧約聖書はさらに、神が私たちと共にいてくださる方であることを、くりかえして強調します。主なる神はヨシュアに、「わたしはモーセと共にいたように、あなたと共にいる」（ヨシュア記一・五）と語り、預言者エレミヤに「わたしがあなたと共にいて」（エレミヤ書一・八）と語られました。だから詩編では詩人が神に「あなたがわたしと共にいてくださる」（二三・四）と告白しているのです。

ところがついにイエス・キリストが降誕されました。このことによって、

インマヌエル……「神は我々と共におられる」（マタイ一・二三）

という救いの事実が決定的に明らかになったのです。こうして主イエスご自身が弟子たちに直接、

わたしは世の終わりまで、いつもあなたがたと共にいる。

と約束されたのです（マタイ二八・二〇）。聖書の中に「神が共にいます」という言葉が三百六十五回出てくると言った人がいます。私は一つひとつを調べていないので、本当かどうかはわかりませんが、神は一年三百六十五日、毎日「わたしはあなたと共にいる」と言ってくださっているのだと理解しています。良い日も悪い日も、どこでもどのような状況にあっても、だれに対しても、神は共にいてくださるのです。どのような罪深い者であっても共にいてくださるのです。むしろ弱く愚かな者であるからこそ、弱く愚かなところで、出会ってくださるのです。

フランス文学者、哲学者であった森有正の次の言葉が思い出されます。「人間というものは、どうしても人に知らせることのできない心の一隅を持っております。醜い考えがありますし、また秘密の考えがあります。またひそかな欲望がありますし、恥がありますし、どうも他人に知らせることのできないある心の一隅というものがあります。そこでしか、神さまにお目にかかれる場所は人間にはない。人間がだれはばからず喋ることの出来る観念や思想や道徳や、そういうところで人間は、だれも神さまに会うことができない。人にも言えず、親にも言えず、先生にも言えず自分だけで悩んでいる、恥じている、そこでしか人間は神さまに会うことができない」。

私たちは互いに理解できない孤独な存在です。またなんと罪深く、弱く愚かな者でしょう。しかし神は私たちが清く、正しいからではなく、無力や弱さや罪深さや愚かさの中で出会ってくださるのです。暗い孤独の心の深いところ、心の一隅で、ひとりぼっちの寂しさの中で、神様に出会い、深く交わることができるのです。孤独や寂しさや悲しみが極まり、罪や弱さを知る時にも、心の一隅で、共にいます神に出会うことができるのです。

旅路を導く同伴者

「学ぶ」という言葉は辞書では、第一に「ならって行う、まねてする、また参考にして知識などを得る」とあります。「猿真似」という言葉もありますが、これは猿が人間の動作を見て、そのとおりにまねること、転じてよく考えもしないで他人のまねをすること、本質をわきまえず、うわべだけをまねることを軽蔑して言う表現です。「猿真似」はいかがなものかと思いますが、やはり学ぶことの出発点はまねることです。何かのモデル、手本や見本があって、それをまねることから、学ぶことが始まるのです。その意味で最初に出会う人たち、両親あるいは教師という存在には重大な責任があるのです。

人生でだれに出会い、だれから学び、だれを手本にするかということは本当に大切で、よき人生のモデル、手本や見本になる存在に出会った人は本当に幸いです。主イエスは、マタイによる福音書一一章二九節で、

わたしは柔和で謙遜な者だから、わたしの軛《くびき》を負い、わたしに学びなさい。

と語られました。だから十五世紀にドイツで活動したトマス・ア・ケンピスは「キリストにならいて」ということをくりかえして強調したのです。

ポール・トゥルニエの「キリストに満ちあふれた日々」という文章の中で、フィレンツェの親友であった学者ロベルト・アサジヨリという人が紹介されています。この人はカトリックの信者でしたが、ユダヤ人であったため、ファシストによりローマの監獄で一年間過ごしました。そのような経験の中で、次のような一つの理論を打ち立てたのです。

すなわち人格形成において最も重要な手段は、一つの理想像に自分自身を合わせていくことにある。子どもは自分の親を見習って成長し、さらに親以外の理想像をまねて、性格を形成していくことになる。しかし私たちのモデルは有限な人間であるので、欠点もあるし限界もある。そこでそのような限界を乗り超え、まったく限界のないモデルを得たいならば、キリストの中にしか見いだすことができない。自分自身を同化できるイメージとして、これ以上にすぐれたものはない。パウロの経験もまさにここにあった。だからパウロは「生きているのは、もはやわたしではありません。キリストがわたしの内に生きておられるのです」（ガラテヤ二・二〇）と言ったのである、と。

そこでトゥルニエは「キリストを手本とする場合、モデル自身が私たちの中に入りこみ、そこに住み、そこに生き、一体となる。……私自身、年老いて、死が近づいてきました。私も、聖パウロと同じように、生きることをおろそかにしないと同時に、死ぬための心構えもできているように感じています。私は、いまこうして生きている、この地上の生活がとても好きです。キリストとともに、この地上に生きることができるからです。しかし、私は死後の世界で、キリストとさらに親しく、充実した生活に入ることができると思うと、心がわきたつのです。キリストは、私の単なる理想像でなく、親しい友となったからです。すなおにキリストに語り、キリストの考えを、心の耳で聞くようにしています。キリストは、私の伴侶となり、私と共にあって、日夜導いてくださっているのです」と。

私たちは何を手本としてきたのでしょう。しかし今からでも遅くはありません。キリストに倣って生きることができます。むしろキリストが私たちの中に生き、私たちの主体として私たちの人生を導いてくださるに違いないのです。

最後に焦点をあてて

私たちは今のままの状態がいつまでも続くように錯覚しがちです。しかしいつ人生にストップがかかるかわかりません。もし自分の命があと一年、いや半年か三か月と宣告されたら、むしろ明日あなたの命が取り去られるとわかったら、どうでしょうか。

マルコによる福音書一三章三二―三三節において、主イエスは、

その日、その時は、だれも知らない。天使たちも子も知らない。父だけがご存じである。気をつけて、目を覚ましていなさい。

と言われました。「その日、その時」とは、終わりの日、終末の時を意味しています。前世紀末、いわゆる終末論がもてはやされ、「日本沈没」や「ハルマゲドン」などと言われましたが、その時には起こりませんでした。ところが懲りることなくそのハルマゲドンが二〇一二年に起こると言う人たちもいましたが、これも起こりませんでした。ただ原爆や水爆、むしろ原発などにより、今日いつ世界が終わっても、不思議ではない状況があります。実際に宗教は昔よりこの世の終わりについて語ってきました。故意に恐怖感をあおるものもありますが、この世はいつまでも続くものではなく、有限であることを宗教は見つめています。仏教にも末法思想というのがあります。とくにキリスト教は終末論の宗教であると言えます。

しかしその日についてイエスご自身は知らないと言われました。イエスは「父」と呼ぶ愛の神に一切をゆだねておられたのです。私たちも終わりの時がいつであるかを知る必要はなく、私たちのために最善をなし

てくださる父なる神が、すべてをご存じであることを信じるところに、深い慰めと希望があるのです。それは安穏としていればいいというのではなく、いつ終わりが来てもいいように、「気をつけて、目を覚ましていなさい」と勧められているのです。

N・C・マレックという女性の詩「最後だとわかっていたなら」の原題は「トゥモロー・ネバー・カムズ」（明日は決して来ない）です。彼女は二児の母となりましたが離婚し、親権を得たにもかかわらず、夫が二人の子どもを連れ去ってしまいました。やがて突然の訃報が届きました。十歳だった長男サムエルは水辺で溺《おぼ》れている小さな子どもを助けようとして自分も溺れてしまったのです。そのような深い悲しみの中で生み出された詩です。

あなたが眠りにつくのを見るのが／最後だとわかっていたら／わたしは　もっとちゃんとカバーをかけて／神様にその魂を守ってくださるように／祈っただろう／／あなたがドアを出て行くのを見るのが／最後だとわかっていたら／わたしは　あなたを抱きしめて　キスをして／そしてまたもう一度呼び寄せて／抱きしめただろう／／……明日が来るのを待っているなら／今日でもいいはず／もし明日が来ないとしたら／あなたは今日を後悔するだろうから

私たちは終わりの時がいつ来るか知らず、このままの状態が続くと思って安穏としています。しかしいつ最後の時を迎えるかだれにもわからないのです。「愚かな者よ、今夜、お前の命は取り上げられる」（ルカ一二・二〇）と言われているのです。だから「気をつけて、目を覚ましていなさい」との主イエスの言葉に聞きつつ、主の御手の中に生きなければ、後悔することになるでしょう。自分の終わりがあることを知り、最後に焦点をあてて、さらに永遠なるものに目を注ぎつつ、今日与えられた務めを果たしていきたいものです。

真理――自由への原動力

今日、世界中にさまざまな情報が溢れ、私たち現代人は多くのことを知っています。しかし人生において本当に大切なことをどれだけ知っているのでしょうか。

ヨハネによる福音書八章三二節で、主イエスは、

あなたたちは真理を知り、真理はあなたたちを自由にする。

と語られました。「真理」という言葉はヨハネ福音書に四十五回も出てきます。この「真理を知り」というのは原文では未来形です。言い換えれば今は知らないということです。今はわかっていないが、やがて知るであろうという約束なのです。iPS（人工多能性幹細胞）でノーベル賞を受けられた山中伸弥教授の「真理はヴェールで覆われている」という言葉が心に残りました。確かに真理はヴェールで覆われています。しかし覆いが取り除かれる時があるのです。むしろ日々新たに真理を知ることができ、それが生きる意味と喜びになります。ただ同じ真理と言っても、科学的・客観的真理、哲学的・宗教的真理など真理はさまざまです。

それでは真理とは何であり、どうすれば真理を知ることができるのでしょう。八木重吉は「真理によって基督を解くのではない／基督によって／真理の何であるかを知るのだ」と歌いました。「真理とは何か」とピラトは問いました（ヨハネ一八・三八）。神はイエス・キリストにおいて真理を示されました。キリストを知るまでは真理を知ることができません。しかし「真理を知るであろう」という希望に生きることができるのです。短い人生において、多くのことを知ることはできません。ただキリストに出会い、キリストを知る

ことによって真理を知ることができるのです。しかも真理を知ることは単なる知識や観念ではありません。「真理はあなたたちを自由にする」とあるように、真理を知ることは人生を変える力なのです。真理を知ることによって自由にされるのです。真理は人間を自由にするのです。

「ひとやの友」という新聞に、ヒュー・ブラウンという人の「だれでもやりなおせる」という証しが載っていました。この人はかつてアイルランドの紛争地で世界一危険な町、爆弾都市とも言われた北アイルランドの首都ベルファストで生まれました。十五歳の時にテロ組織に入り、約三年間、紛争に参加し、拷問を受けたり、両膝を拳銃で撃たれたものの、奇跡的に助かりました。十八歳の時、政治犯として逮捕。多くの若者が命を落としたのに、自分はぎりぎりのところで命拾いをしたのはなぜか、どうして助かったのか。二十歳の時に刑務所で、映画「ベン・ハー」でキリストが処刑される場面を観ている時、生まれて初めて自分の犯してきた罪というものを理解できたのです。それまでは悪いことをしてきたことはわかっていても、心の底からの悔い改めはできなかった。だからいくらやりなおしても失敗の連続であった。しかし映画を観て、自分の罪は人間に対する罪にとどまらず、見えない神様に対しても罪を犯していることを知った。こうして生まれて初めて本当の罪を自覚して素直に認め、神の赦しと救いを真剣に求め始めたのです。祈りが通じているという確信で心が安らぎと喜びで満たされ、宣教師となって新しい人生を始めたというのです。

私たちは本当に自由でしょうか。さまざまなものに束縛されていないでしょうか。私たちこそ罪の「獄《ひとや》」、悪の牢獄の中で罪と悪にがんじがらめに束縛されているのではないでしょうか。しかし十字架の主イエスに出会って、真理を知る時、聖霊の助けによって自由にされ、エゴイズムとニヒリズム、罪と悪と死から解放され、安らぎと喜びで満たされるに違いありません。

生きる道と進路指導

私たちはいつもどのような道に進めばよいのか悩むものです。学校では進路指導がありますが、いくつになっても試行錯誤があり、いかなる道を歩めばよいのか迷い悩むものです。そのたびに自分なりの生きる道を見つけて進むほかありませんが、その道の途上で、これでよかったのかと考えたり、わからなくなったりすることもあります。私たちには生涯の終わりまで、進路指導が必要なのではないでしょうか。

リュティ著『アダム』の中で、次のような話が紹介されています。若者たちが集い、ある老人のことが話題になった。この人は結婚式に出席するために家を出たのに、乗り換えのために降りた駅の待合室で、自分がどこへ行こうとしていたのか、またどこから来たのかも忘れてしまった。この話を聞いて若者たちが爆笑したというのです。そこでリュティさんは言います。この老人は自分がどこの家の者か忘れずにいて、電話ボックスから家に電話ができたことは幸いであった。自分が何者であるかさえ、忘れないとも限らない。若者たちも笑いに興じないよう注意したほうがよい。いつの日にか、同様の目に遭うかもしれない、と。彼らは自分たちが一体どこから来て、どこへ行こうとしているのか、何者なのかわかっているのか、と彼は問います。しかし私たちは電話ボックス（聖書の世界）の中にいて、その答えを聞いているのです、と。

私たちにも同じ問題が突きつけられているのです。自分の生きる道は見えているでしょうか。また必死で歩んでいるこの道の向こうには何が待っているのでしょうか。ヨハネ福音書一四章六節で、主イエスは、

わたしは道であり、真理であり、命である。わたしを通らなければ、だれも父のもとに行くことができ

ない。

と言われました。イエスはご自分が道であると言われるのです。その道は狭く険しくても、必ず救いの目的地、真理と命のゴールへとつながっている道なのです。人生の道がたとい平坦でも、必ず死でストップします。しかし主の道は復活の命の道として、天へと開かれる永遠の命の道なのです。

十七世紀の英国のジョン・バンヤンが書いた『天路歴程』は、今日に至るまで聖書の次に広く読まれてきたと言われています。滅亡の町に住む主人公のクリスチャンは、滅亡が迫っていることを予感して、救いに至る道を探しに出かけます。すると彼の前に福音者が現れ、「あそこに小さな門がある。その門をたたけば、どうしたらいいか、教えてもらえるだろう」と言ったので、そのとおりに進みます。途中、失望の沼に沈みかけ、助け手に救われます。ところがもっとも彼の邪魔をしていたのは、背中に背負った罪の重荷でした。しかし十字架を仰ぐと不思議にも重荷はなくなるのです。さらにそれからが大変で、困難の丘を越え、アポリオンとの戦いがあり、死のかげの谷、疑いの城、黒い川などを通らなければならず、妨害者、誘惑者、邪魔者など、さまざまと足を引っ張る事件にも遭います。しかしそのたびに神から遣わされた者に助けられて進んで行きます。やがて死の川を越えて、希望者と共に向こう岸に着き、ついに天の都に入ります。この物語は私たちの厳しい人生を象徴しています。しかし命に至る真理の道があると約束されているのです。

『讃美歌21』四九八番に、

道、真理、命／天に至る道、／和解の真理、／死に勝つ命の主イェス。

とあります。死に勝利された主イエスこそ私たちが真理と命に生きる道であり、また熱心に私たちを天に至る道への進路指導をしてくださる方なのです。この道を歩みたいものです。

出会いによる命の船出

私たちはいろいろなことを見ているようで、本当は大切なことが見えていないのではないでしょうか。

ヨハネによる福音書一章二九節に、

その翌日、ヨハネは、自分の方へイエスが来られるのを見て言った。「見よ、世の罪を取り除く神の小羊だ。……」

とあります。私たちは「見よ」と命じられているのです。何を見るのか。キェルケゴール著『死に至る病』の最初に、「主よ！　無益なる事物に対しては我等の眼を霞《かす》ましめ、汝の凡《あら》ゆる真理に関しては我等の眼を隈なく澄ませ給え」とあります。私たちは祈る時、眼をつむります。すると今まで見えていたものが見えなくなり、見えなかったものが見えるようになります。「見よ」とは心で見ることです。

かつてイスラエルの民がエジプトから脱出する時、小羊を屠《ほふ》ってその血を戸口に塗った家は神の裁きが過ぎ越し、神の民はエジプトを脱出し、奴隷状態から救われました。しかし今やイエスが十字架にかかって「過越の小羊」として屠られることによって、イスラエルだけでなく、人類のすべての罪が取り除かれ赦されることになったのです。個々人の罪にとどまらず、この世のすべての罪です。罪の塊のような私たち全体、すべての重い罪の全体をひっくるめて取り除かれるのです。「罪を取り去り、罪に罪を重ねていく暗い救いようもない歴史に終止符を打たれた」（A・シュラッター）のです。神の小羊イエスは人類の罪の歴史にピリオドを打ち、新しい救いの歴史を開始されたのです。主によって新しい人生の扉が開かれるのです。

浜松の聖隷三方原病院ホスピス所長であった原義雄牧師の「キリストにより新しく生かされて」という文章の中で、児島良徳という人のことが書かれています。この人は五十歳の頃、直腸がんの告知を受け、医師からサジを投げられました。しかしたまたま聖隷ホスピスのことを知り、何とか安らかに死ねるのではないかと思って入りました。しかし人生の転機が起こったのです。死ぬ場所として入院しましたが、信仰に生きる人たちと出会ったのです。

ある日「自分は死ぬためにここに入院したのだ」と言うと、ある看護師が「あなたの考えは間違っています。可能性はともかく、私たちはあなたが治るために日夜心をこめて看病しているのです」と言ったのです。この言葉は自分には晴天の霹靂《へきれき》であり、忘れていた「生きる」という言葉を思い出し、今まで迷惑をかけてきた世の中に少しでも恩返しをして死ななくては、何のためにこの世に生を受けたかわからない、今まで投げ出していた生命をまだ神が生かしてくださる以上、神が自分に何かご用をさせてくださるためだと気づいたのです。そして入院してわずか三週間の頃「必ず近日中に神の御名による洗礼を受けようと決意した。新しい船出なんだと嬉しくて書いてしまわなければならない気持ちだ。罪人のためにキリストは十字架にかかってくださったのだ。そしてその罪人とは全ての人間である。わたしのような罪深い人間も含めていただけるのだ」と思い、最後の時を精いっぱい、神と人のために働いて召されたのです。

主イエスは「わたしを信じる者は、死んでも生きる」（ヨハネ一一・二五）と言われました。死んでも生きるのです。諦めと絶望を超えて生きるのです。死は人生の終止符ではありません。人生の航海の終わりにあっても、新しい船出ができるのです。罪の歴史にピリオドが打たれたのです。主イエスの十字架による罪の赦しと死人の中からの復活により、永遠の命の世界への希望の船出としてくださるのです。

人生の流れを変える訴え

私たちの人生は病気と切り離すことができません。病気の経験がないという人でも、どこかで病気になるでしょう。今日、病気の原因としてストレスがあげられます。人間関係や仕事の厳しさ、家族の心配事や明日への不安などによって、しだいにストレスがたまり、病気になってしまうことがあるものです。

イザヤ書三八章一―二二節に、ヒゼキヤという人が出てきます。紀元前七百年頃の南王国ユダの王で、偉大な王のひとりに数えられています。しかし内政、外交にわたって困難な状況が続き、ストレスがたまったのか、死の病にかかってしまったのです。そこで一節で、預言者イザヤが訪ねてきて、ヒゼキヤに、

「あなたは死ぬことになっていて、命はないのだから、家族に遺言をしなさい」

と、神様の言葉を伝えました。この死の宣告の言葉はヒゼキヤにとって大きなショックだったにちがいありません。私たちもまた、いつどこで死の宣告を受け、死のメッセージを聞くことになるのかわかりません。

それだけではありません。ドイツの実存哲学者ハイデッガーは、人間を「死への存在」と定義しました。死は漠然とした将来の出来事ではなく、生まれた瞬間からいつも死へ向かって歩み続けている存在だと言うのです。むしろ聖書は一貫して「あなたは死ぬことになっている」と言うのです。

ヒゼキヤはこの時、三十九歳で働き盛りでもあり、「あなたは死ぬことになっている」と聞いて驚き、壁に顔を向けました。まさに死は人間を孤独にするのです。しかしヒゼキヤは涙を流し必死に神に祈ったのです。そこで主の言葉はヒゼキヤに届きました。五節に、

わたしはあなたの祈りを聞き、涙を見た。

とあります。神は人間の祈りを聞き、涙を見る方なのです。そこでさらに寿命を十五年延ばすと言われました。命のメッセージです。まさにヒゼキヤの祈りは神の意志決定を変更させることになったのです。祈りは神の堅い意志さえも変え、運命の壁を打ち破る突破口なのです。

フォーサイス著『祈りの精神』の中で「神の意志に打ち勝つほどに祈ることが神のみ心であり、神の意志の実現を目指して、頑強にねばり強い祈りを捧げることは、さらにみ心にかなうことなのである。感傷的祈りではなく、意志的祈りであるべきである」と語られています。このようなヒゼキヤの祈りの経験の中で、彼の思いも大きく変化することになったのです。十五年寿命が延び、量的に人生の時間が長くなったというだけではなく、むしろ大切なことは、質において、ヒゼキヤの人生の内容が濃厚になったことです。人生は当たり前に存在するものでなく、奇蹟と恵みによるものであることを知ったのです。

そこでヒゼキヤの口から新しい歌がほとばしり出ました。一六―一七節に、

主が近くにいてくだされば、人々は生き続けます。……あなたはわたしの魂に思いを寄せ……

とあります。「思いを寄せ」には、愛着する、恋慕うなどの意味もあります。やがて神はイエス・キリストにおいて、どこまでも私に愛着し、十字架において示された愛をもって私を恋慕われるのです。

不遇な運命に翻弄される少年たちに関わってきたある教師が「人間は無条件に愛してくれる人がいてこそ、自分の生きる価値があると思うことができる」と言いました。私たち自身も死への存在として不遇な運命に翻弄されています。しかし無条件に愛してくださる方がいるのです。死のメッセージが響く運命の中で、愛と命のメッセージが響くのです。一日一日を神の賜物として、大切に生きたいものです。

霊的な賛美の出発

私たちは何を重んじ、大切にしているでしょうか。何を重大とするかが、私たちの人生を決める大きな分かれ道となるのです。ルカによる福音書一章四六―五五節は「マリアの賛歌」で、「あがめる」を意味するラテン語により「マグニフィカート」と言われているものです。四六―四七節でマリアは、

わたしの魂は主をあがめ、
わたしの霊は救い主である神を喜びたたえます。

と歌っています。「あがめる」の原語メガリュノーには、大きくする、拡大する、賞賛するなどの意味があります。「主をあがめる」とは主を大きくし、その支配を拡大することです。主なる神は天地と万物の創造者、世界の支配者、歴史の完成者でありながら、この世では小さくされています。私たちの生活の中からも神の存在感が失われ、見えなくされているのです。クリスマスに神の御子イエスが誕生された時にも、宿屋(安宿)にも居場所がなく、馬小屋で生まれ、飼い葉桶に寝かされたのです(ルカ二・七)。

これは神に対する大きな罪なのです。あの罪この罪というよりも、罪は神を無視し、神なしでも生きることができるという高慢や不遜で、これこそ無数の罪の根源なのです。エバは善悪の知識の木の果実を夫アダムに渡して共に食べ、自分たちを神のようにしました(創世記三・一―七)。これが原罪なのです。

これに対してマリアは「主をあがめ」と歌うのです。エバの反対、対極にいるのがマリアです。私たちの姿そのものであるエバは、神を無視し、自分を限りなく大きくし、自己賛美したのです。これに対してマ

リアは「主をあがめ」、神を大きくするというのです。ところがここで「わたしは主をあがめる」ではなく、「わたしの魂は主をあがめる」と言っていることが大切です。

ルターは『マグニフィカート』の中でこのことを指摘し、マリアは自分からではなく、聖霊によって魂が内的に高揚せられ、神への愛と賛美と喜びにわき立ち、自分を制御することができないほどにされているのだ、と言っています。さらに「霊は、人間の最高、最深かつ最も貴い部分である。これによって人は理解しがたい、見えない、永遠なるものを把握する。約言すれば、それは信仰と神のことばのすまいである」と述べています。マリアだけではありません。私たちすべての人間は霊なる存在としてつくられ、最も深く貴い部分である霊に信仰が内住し、神の言葉が留まり、神の愛が注がれ、霊において永遠の神と強い絆で結合されているのです。こうして私の魂は神への賛美で溢れ、私の霊は神に対する躍り上がるような歓喜で満たされるのです。

高橋たか子は自著『霊的な出発』について次のように述べています。「私がこういう霊的な内容のものを書いたのははじめてである。自分が考えたとは思えないようなことが、パリでの日々、何かのはずみに湧いてきて、それを書いていった。……肉としての人間と霊としての人間という言葉を、フランスではじめて耳にしたが、肉から霊へと垂直に下降していく通路がこの世にあることなど、日本にいる頃の私はまったく知らなかったものだ。タイトルの『霊的な出発』とはそういう出発である。いつのまにか出発してしまっていて、そうして私は変わってしまった」。

私たちはいつも神をそっちのけにして、自分が賞賛されたいと願っています。そこに人生の転倒があり、そこから人生が狂っていくのです。自己賛美から神賛美へという新しい「霊的な出発」をしたいものです。

キリエ・エレイソン

私たちは多くの人に心配され、祈られることなしには生きることはできません。なかでも両親やはり母に祈られてきたのではないでしょうか。

マタイによる福音書一五章二一―二八節にも、子どものことで心配するひとりの母親が登場しています。イエスがはじめて異邦人の地に行かれた時のことで、彼女が、

「主よ、ダビデの子よ、わたしを憐れんでください。娘が悪霊にひどく苦しめられています」

と叫び続けたのです。「ダビデ」はイスラエルに栄光と繁栄をもたらした最高の王でしたが、今やイエスこそダビデの栄光と繁栄をもたらす方として、「ダビデの子よ」と呼びかけたのです。異邦の女性がこのように叫ぶことによって、神の恵みがイスラエルの枠を越えて、全人類に及ぶことが示されているのです。神の恵みや祝福は私などとは関係がないと思われていたのに、主イエスにおいて、この小さな私にさえもたらされることになったという喜びの告白です。神の愛や恵みなど遠い世界のことのように思っていたのに、イエスが私のところにまで来られて、私にも及ぼされることになったのです。

この母親は病気で苦しむ娘のことで、「主よ、わたしを憐れんでください」と願いました。これは「キリエ・エレイソン」という言葉です。娘のためでありながら、「わたしを」と祈っているのです。母と娘は一体なのです。さらにこの叫びは二千年の教会の不断の祈りですが、すべての人の深いところにある切なる祈りです。人間は無力です。限界があります。このような絶望の中で叫ばれる人間の根源的な祈りなのです。

ところがイエスは何も答えず、沈黙されたのです。これはいくら祈っても答えがないという、私たちの祈りの経験を反映しています。しかしこの母親はあきらめず、なお助けを求めました。するとイエスは「子供たちのパンを取って小犬にやってはいけない」と言われたのです。自分の役割は異邦人に対するものではないと言って、この母親の願いを拒絶されたのです。しかし彼女はなおも、

「主よ、ごもっともです。しかし、小犬も主人の食卓から落ちるパン屑はいただくのです。」

と言いました。自分は小犬ではあるが、それならば家の中にいて、食卓から落ちるパン屑はいただくことができると考えたのです。それだけ神の恵みは溢れるものであると信じたのです。拒絶と思われる言葉の中にも、恵みを発見して引き下がらず、ねばり強く求めているところに、彼女の信仰があるのです。

この母親は来る日も来る日も苦しむ娘を見て悩みつつ、祈り続けていたことでしょう。神の助けを切に求めていたのです。フォーサイスの「不断の祈り」という文章の中に次のようなことが書かれています。「不断に祈るということは、休みなしに祈りに専心することではない。不断の祈りとは、神と共にあろうとする魂の不断の傾向、方向を意味するのである。祈りは習慣となった食欲であり、食物である。成長する神の子は常に祈りという食物を求めて空腹である。祈りは行動として考えられる生活全体である」。こうしてこの母親は不断の祈りにおいて、祈りの格闘をとおして、主イエスと出会うことができたのです。

汝《な》がためにいのる母の　いつまで世にあらん、とわに悔ゆる日のこぬまに、とく神にかえれ。
春は軒の雨、秋は庭の露、母はなみだ乾くまなく、祈ると知らずや。
（『讃美歌』五一〇番四節）

私たちは母の祈りによって命を育まれました。深いところで母に祈られているのです。今、その母がいなくても、母なる教会の「キリエ・エレイソン」という祈りがささげられているのです。

あとがき

「いつの日にか『アガペーの言葉』と題する続篇を発行し、最終的に三部作とすることができれば……」。これは日本キリスト教団出版局より、『エルピスの言葉』に続いて、二〇〇九年に出版いただいた拙著『ピスティスの言葉』の「あとがき」に書かせていただいた言葉ですが、このたびこの夢がかなえられましたことを心より感謝いたしております。

これら三冊の本が出版されることになった経緯については「まえがき」に書かれていますので、繰り返すことはしませんが、私は前任地・塚口教会において、一九九二年四月より二〇一三年三月まで、月刊の伝道新聞「エルピス（希望）」にメッセージを書くことができました。

私は母校・関西学院大学神学部後援会をはじめとし、阪神淡路大震災が起こって二年目の一九九六年五月から二年間は日本基督教団兵庫教区副議長に、その前後の一九九四～二〇〇〇年には教団教師委員に任じられ、しかも塚口教会では被災した会堂の修復と教育会館の建て替えがあり、一九九九年九月に献堂いたしました。いつの間にか無理を重ねていたのか体調を壊し、二〇〇六年には悪性リンパ腫を患い、抗癌剤投与の治療を受けるなど何度も入院いたしました。しかも当然のことながら日常的な牧会の任務があり、突然に葬儀が入ったりします。しかし今振り返ると不思議なことに、毎月第二日曜日に発行の「エルピス」は一度も休刊することはありませんでした。こうして二〇一三年三月に塚口教会を辞任するまで、二百五十二回のメッセージを書くことができました。毎月これを書くことは苦労ではありましたが、たいへん楽しい作業でした。

私は辞任後、塚口教会に一年間は代務者として残りましたが、幸いなことに同年九月に神戸の主恩教会から招聘を受けて就任いたしました。この間の生活の大きな変化の中で、しばらくはその気になれなかったのですが、新しい教会で務めている内に、三冊目を出版するという夢を早く実現したいと思うようになりました。そこで「エルピス」二〇一～二五二号のうち約五十回分と一～二〇〇号のうち、前二冊に載せていなかったものの中から約十回分、さらに少しずつ書いていたもの約二十回分を合わせて、八十のメッセージとして出版したい旨を日本キリスト教団出版局に打診したところ、ご快諾いただき、ついに出版していただくことができました。

なおこれら三冊の本の題は、「信仰と、希望と、愛、この三つは、いつまでも残る。その中で最も大いなるものは、愛である」（コリントⅠ一三・一三）によるものです。新約聖書のギリシア語、エルピス（希望）、ピスティス（信仰）、アガペー（愛）から使わせていただきました。ただ各書の題はその内容を直接に表現したものであるというより、三冊全体において「信仰、希望、愛」がひとつに溶け合っているものとして受け止めていただきたいと思います。ただ本書では少し「愛」を強調しています。いずれにしても難解に思われる聖書の言葉の意味を少しでも明らかにしたいとの願いから書いたものです。皆様が聖書という「いのちの泉」から聖霊の導きによって、いのちを汲み取っていただけますなら幸いでございます。

本書も前二冊同様、「エルピス」発行時の伝道委員長で塚口教会長老の中野爲夫さんに「まえがき」を書いていただきましたことを感謝いたします。さらに二代目の伝道委員長として長きにわたり励ましてくださった塚口教会長老の細川正義さんと伝道委員会の皆様、とくに毎月の発行のために、一度も欠かすことなく実務的なご奉仕をくださった林徳洋さんに感謝いたします。今は神戸の地でみ言葉に仕える喜びを経験させていただいていますが、本書の出版を喜んでくださっている主恩教会の皆様に深く感謝しております。

私の一伝道者としての生涯は、関西学院大学神学部教授で塚口教会牧師代務者でいらした恩師の松木治三郎先生により、六年間の神学生時代から塚口教会での伝道師・副牧師時代の八年間、さらに後に塚口教会に帰ってから先生が一九九四年五月二十四日にご召天されるまで、随分と長い間、いつも厳しくしかもやさしく見つめ、お導きいただきましたことによるものでございます。先生から聖書と教会と説教の根本的・基本的なことを教わり、むしろ先生の説教から学ぶ（まねぶ、まねる）ことから始まりましたが、自分なりに四十四年にわたって毎週、説教に取り組み、悪戦苦闘、孤軍奮闘している間に、貧しいながらも自分なりのスタイルというものが身についてきたように思います。先生は説教とは「聖書に従いつつ、聖書から自由でなければならない」と語られました。新約聖書とくにパウロは旧約聖書を引用し、聖書に従いつつも、聖書にとらわれず聖書から自由に、その置かれた新しい状況の中で、イエス・キリストの福音を伝えているという大切な視点を教えていただいたのです。

そこで私も聖書のテキストに即しつつ、み言葉に忠実に向き合いながら、現代の人たちにキリストを伝えたいと願い、私なりの努力をしてきました。私はさまざまな方との出会いを大切にしてきたつもりですが、さらに読書することが好きで、読書をとおして広い世界に開かれていきました。すべて素人としての学びではありますが、古今東西の文学や哲学や教育や芸術、詩歌さらに流行歌まで、少しでも聖書の言葉を説明できるものがあれば、説教の中に引用します。一週間の歩みはいつも、散歩しテレビを観ている時でも、メッセージに役立つ材料はないものかと気にとめています。しかし「わたしはあなたがたの間で、イエス・キリスト、それも十字架につけられたキリスト以外、何も知るまいと心に決めていた」（コリントⅠ二・二）という一点から決して離れてはならないと肝に銘じております。

私を伝道者の道へと押し出してくださいました母教会、宇和島中町教会の元牧師・森場政吉先生、さらに神学生時代に大学紛争の渦中で迷いの中にあった私を励ましてくださった大阪聖和教会元牧師・土居英先生に感謝いたします。さらに私の貧しい説教を祈りと忍耐をもって聞き続けてくださった多くの方たち、また遠くにあっても私の書物を読んで励ましてくださった方たち、すべての方に感謝いたします。

最初の『エルピスの言葉』の発行に際しても、ご相談にのっていただき、よきご助言をいただきました日本キリスト教団出版局出版第一課の飯光さんには、本書の出版に際しても懇切丁寧なご対応と適切なアドバイスをいただきました。心から感謝いたします。また三冊にわたり装幀をしてくださった堀木一男さん、美しい装画を描いてくださいました高田美穂子さんに心からお礼を申し上げます。こんなに美しい絵に私の貧しい言葉が包まれていることはこの上ない喜びであり、光栄でございます。

二〇一六年六月

山崎英穂

山崎英穂（やまざき ひでお）

1947年7月3日	愛媛県宇和島市に生まれる
1963年12月22日	日本キリスト教団宇和島中町教会にて受洗
1972年3月	関西学院大学大学院神学研究科修士課程終了
1972年4月～80年3月	日本キリスト教団塚口教会伝道師・副牧師
1980年4月～82年3月	日本キリスト教団佐伯教会牧師
1982年4月～91年3月	日本キリスト教団佐世保教会牧師
1991年4月～2013年3月	日本キリスト教団塚口教会牧師
2013年4月～14年3月	日本キリスト教団塚口教会牧師代務者
2013年9月～現在	日本キリスト教団主恩教会牧師

《著書》

『教会生活案内2　み言葉に聞く』（2002年、日本キリスト教団出版局）
『聖書の中の人物』（2005年、日本キリスト教団塚口教会）
『神の探求』（共著、2007年、創元社）
『エルピスの言葉』（2008年、日本キリスト教団出版局）
『ピスティスの言葉』（2009年、日本キリスト教団出版局）
『グループスタディ12章　フィリピの信徒への手紙』（2011年、日本キリスト教団出版局）
『主が望まれるなら――ヤコブの手紙講解説教』（2012年、日本キリスト教団塚口教会）
『言葉のいのち――宣教の跡』（上）（下）（2013年、日本キリスト教団塚口教会）
『祈りに包まれて――主の祈り講解説教』（2013年、日本キリスト教団塚口教会）
『恵みの宝石箱――使徒信条講解説教』（2013年、日本キリスト教団塚口教会）
『流れのほとりに』（2014年、山崎牧師説教集刊行有志の会）
『永遠の命と愛――ヨハネの手紙一講解説教』（2015年、山崎牧師説教集刊行有志の会）
『いのちの泉――主恩だより第一集』（2016年、日本キリスト教団主恩教会）

山崎英穂
アガペーの言葉

2016年7月25日　初版発行

発行　日本キリスト教団出版局
169-0051
東京都新宿区西早稲田2丁目3の18
電話・営業03（3204）0422
編集03（3204）0424
http://bp-uccj.jp

印刷・製本　三松堂印刷

ISBN978-4-8184-0947-7 C0016　日キ販
Printed in Japan

エルピスの言葉

山崎英穂 著

● A5 判／ 190 頁／ 2,000 円

ひと息に読める味わい深い 80 余のメッセージ。歴史や文学、身近な人々の生き方を通して、聖書のみ言葉が生き生きと迫る。慈しみの眼差しを向けてくださる神さまの大きな愛が豊かに満ち、心に「希望《エルピス》」の火が灯る。

ピスティスの言葉

山崎英穂 著

● A5 判／ 192 頁／ 2,000 円

「信仰《ピスティス》」は、キリスト教の歴史において絶えず深められてきたテーマである。いかに神に聴き従い、応答できるのか。聖書の言葉や日常の出来事を通して、豊かな知識と経験に培われた言葉で分かりやすく語りかける。

み言葉に聞く　教会生活案内 2

山崎英穂 著

●四六判／ 128 頁／ 1,200 円

真実の言葉は人生を大きく変える。聖書には人を生かす命の言葉、人生の夜を照らす光の言葉が凝縮されている。聖書の歴史をふまえ、人々を生かしてきた幸いと慰めを発見する。

フィリピの信徒への手紙　グループスタディ 12 章

山崎英穂 著

●四六判／ 136 頁／ 1,200 円

パウロが獄中にあって記したフィリピ書には、「喜び」という言葉が繰り返し出てくる。その背景を読み解いていくことにより、キリスト教信仰を通して私たちに与えられた真の希望と喜びを伝える。

祈りのともしび　2000 年の信仰者の祈りに学ぶ

平野克己 編

●四六判／ 112 頁／ 1,200 円

祈りは天に向かって立ち上る信仰の炎である。祈りの言葉に迷うとき、歴史の中でささげられた祈りは、現代を生きる者の苦闘や喜びを言い表し深い信仰の世界に誘う。古代から現代へ受け渡される 35 名の信仰と祈り。

（価格は税別です。重版の際に定価が変わることがあります。）